Peter Lienhard-Tuggener

Integrative Schule

Peter Lienhard-Tuggener

Integrative Schule

Einblicke, Informationen und Diskussionsanstöße

Bloggingbooks

Impressum / Imprint
Bibliografische Information der Deutschen Nationalbibliothek: Die Deutsche Nationalbibliothek verzeichnet diese Publikation in der Deutschen Nationalbibliografie; detaillierte bibliografische Daten sind im Internet über http://dnb.d-nb.de abrufbar.

Bibliographic information published by the Deutsche Nationalbibliothek: The Deutsche Nationalbibliothek lists this publication in the Deutsche Nationalbibliografie; detailed bibliographic data are available in the Internet at http://dnb.d-nb.de.

Coverbild / Cover image: www.ingimage.com

Verlag / Publisher:
Bloggingbooks
ist ein Imprint der / is a trademark of
AV Akademikerverlag GmbH & Co. KG
Heinrich-Böcking-Str. 6-8, 66121 Saarbrücken, Deutschland / Germany
Email: info@bloggingbooks.de

Herstellung: siehe letzte Seite /
Printed at: see last page
ISBN: 978-3-8417-7124-7

Inhalt

1. Vorwort

Im Jahr 2010 erhielt ich von meiner Arbeitgeberin – der Interkantonalen Hochschule für Heilpädagogik (HfH) in Zürich – ein tolles Geschenk: Gemäß «Arbeits- und Besoldungsverordnung» darf jede Dozentin und jeder Dozent nach zehnjähriger Tätigkeit ein Sabbatical von einem halben Jahr nehmen. Weil sich bei mir zudem eine Menge Überzeit und Ferien angestaut hatten, verlängerte sich mein Sabbatical auf ganze 11 Monate.

In dieser Zeit bearbeitete ich die Anfrage eines Buchverlages: «Wir möchten, dass Sie für uns ein praxisorientiertes Buch zur schulischen Integration verfassen ... kein abgehobenes Buch, sondern eines, das auch von Schulleitungen und Lehrpersonen der Allgemeinen Schule gelesen wird.»

Gemeinsam mit einer Mitautorin und einem Mitautor setze ich diesen Auftrag um.[1] Ich nutzte diese Zeit, um verschiedene integrative Schulen auf der ganzen Welt zu besuchen, um Anregungen zu erhalten und aus guten Beispielen zu lernen.

Parallel zum Verfassen des Buches begann ich einen Blog zum Thema «Schulische Integration» zu schreiben.[2] Ich führte diesen auch nach dem Sabbatical weiter – die komplexe Thematik der schulischen Integration ist ja nie abgeschlossen.

Für die Publikation meines Blogs in Buchform habe ich meine Beiträge entlang der folgenden Fokusbereiche gegliedert:

- Internationale Einblicke in integrative Schulen
- Umsetzung der Integration in Schule und Unterricht
- Diagnostik, Zusammenarbeit und Förderplanung
- Konzeptuelle und bildungspolitische Perspektiven der schulischen Integration

Uster, den 5. Juli 2013

[1] Lienhard-Tuggener, Peter; Joller-Graf, Klaus; Mettauer Szaday, Belinda (2011). Rezeptbuch schulische Integration. Bern: Haupt (ISBN 978-3-258-07488-7).
[2] http://peterlienhard.ch/blog

2. Internationale Einblicke in integrative Schulen

Integrations-Vorbild Neuseeland

9. August 2010, 06:13

Brighton, ein Dorf auf der Südinsel Neuseelands, in der Nähe von Dunedin. Kinder, die rund viereinhalb Jahre alt sind, dürfen einen halben Tag pro Woche in der Dorfschule «schnuppern» gehen. «Magic Mondays» nennt die Eingangsstufenlehrerin diese Montag-Nachmittage. Diese Schnupperaufenthalte haben einen guten Grund: Gleich am nächsten Tag nach seinem fünften Geburtstag tritt das Kind als Schülerin oder als Schüler in die Dorfschule ein ... ob das nun im Februar, Mai oder November ist. Durch die Schnupper-Nachmittage wissen die Kinder bereits, was sie erwartet – und sie gliedern sich ganz automatisch in die Kindergruppe ein, die schon weiß, wie hier der Hase läuft. Das gilt für sämtliche Kinder, auch für diejenigen mit einer Behinderung.

Kinder mit einer signifikanten Behinderung haben vorher meist heilpädagogische Früherziehung erhalten. Wenn nun dieses Kind in die Schule eintritt, werden die notwendigen Vorkehrungen getroffen: Ist ein Kind körperbehindert, werden wenn nötig Rampen und behindertengerechte Sanitärräume gebaut. Schulassistenzen werden organisiert – je nach Bedürfnis des Kindes mit geeigneten Vorkenntnissen. Behindertenspezifische Beratung, beispielsweise beim Vorliegen Sinnes- oder einer geistigen Behinderung, wird verbindlich geplant ... und die Lehrpersonen machen gezielte Weiterbildungen, um auf die pädagogischen Bedürfnisse dieses Kindes vorbereitet zu sein. Beim Vorliegen einer Verhaltensauffälligkeit stehen im weiteren Verlauf regionale Beratungslehrpersonen zur Verfügung, um die Schule im Umgang mit diesem Kind zu beraten und zu unterstützen.

Alle diese Mehraufwendungen müssen bei einer nationalen Stelle beantragt werden und werden vom Staat finanziert. Die Schulen erhalten die entsprechenden Finanzen und haben recht große Freiheiten, wie sie diese einsetzen. So können auch in Dorfschulen passende personelle Lösungen gefunden werden.[3]

Der Unterricht erfolgt in altersdurchmischten Gruppen und in differenzierter Art und Weise. Es gehört dazu, dass auf verschiedenen Niveaus gearbeitet wird. Die Kinder sind es gewohnt, allein und in Gruppen tätig zu sein. Die Lehrperson nimmt immer wieder eine Gruppe zusammen, um einen Lerninhalt einzuführen oder zu vertiefen. In den Klassen herrscht eine konzentrierte, aber doch entspannte Arbeitsatmosphäre.

Für Kinder mit Beeinträchtigung erstellt die Klassenlehrperson einen individuellen Förderplan. Sie wird dabei von behinderungsspezifischen Fachpersonen unterstützt. Standortgespräche werden halbjährlich durchgeführt.

Es ist faszinierend, was in einer Schule passiert, wenn keine Sonderschulen zur Verfügung stehen: Sie fühlt sich für alle Schülerinnen und Schüler verantwortlich und findet ganz selbstverständlich tragfähige Lösungen, die für mich als Außenstehenden absolut überzeugend sind. Es tut gut, über den Grenzzaun zu blicken. Es ist so viel mehr möglich, als man sich das gemeinhin vorstellt ...

Ein Schüler mit Down-Syndrom in der vierten Regelklasse – kann das gut gehen?

12. Juni 2010, 11:22

Die Integration von Kindern mit einer geistigen Behinderung in den Kindergarten ist in der Schweiz bereits relativ häufig anzutreffen. Oft erfolgt ein Wechsel in eine heilpädagogische Schule vor dem Eintritt in die Primarschule oder im Laufe der ersten drei Primarschulklassen. Das kann im Einzelfall eine

---

[3] Homepage des neuseeländischen Bildungsministeriums: http://www.minedu.govt.nz/
Informationen für Eltern von Töchtern und Söhnen mit Beeinträchtigungen:
http://www.minedu.govt.nz/Parents/YourChild/SupportForYourChild/ExtraSupport.aspx

sinnvolle und stimmige Lösung sein – es gibt aber auch gute Beispiele einer weiterführenden Integration, mit der alle Beteiligten zufrieden sind.[4]

In einem kleinen Dorf im Bündner Oberland besucht ein Junge mit Down-Syndrom die vierte Klasse. Wenn man den Klassenlehrer, die Heilpädagogin, die Eltern und die koordinierende Fachperson des Sonderpädagogischen Kompetenzzentrums nach den Erfolgsfaktoren fragt, erhält man die folgenden Antworten:

- Die Integration wurde sorgfältig vorbereitet. Nicht nur die Schule und die Schulbehörde, auch die Eltern sämtlicher Kindergarten- und Primarschulkinder wurden frühzeitig und offen informiert. So konnten Fragen, Ängste und Bedenken, Ängste zur Sprache gebracht und offen diskutiert werden.
- Das gesamte Schulteam hat «Ja» zur Integration gesagt, nicht nur die zunächst betroffene Lehrperson. Es war von Anfang an allen bewusst, dass bei Lehrerwechseln, durch den Fachunterricht und bei klassenübergreifenden Aktivitäten sämtliche Lehrpersonen mit den integrierten Kindern zu tun haben. Auch die Schulbehörde stand und steht voll hinter dieser Entscheidung und stärkt auf diese Weise den Lehrpersonen den Rücken.
- Durch die Integration eines zweiten Kindes mit Sonderschulbedarf (2. Primarklasse) steht die Heilpädagogin insgesamt 18 Wochenlektionen zur Verfügung. Dank einer flexiblen Handhabung des Stundenplans für diese Kinder – sie werden überwiegend integriert in ihrer eigenen Klasse, teilweise gemeinsam in der Klasse eines der beiden Kinder, teilweise auch allein oder zu zweit separat gefördert – ist es möglich, sehr viele Lektionen mit heilpädagogischer Unterstützung zu versehen.
- Die Klassenlehrperson denkt bei der Unterrichtsvorbereitung bewusst mit, in welchen Phasen das Kind mit geistiger Behinderung vollständig gemeinsam mit der Klasse, in welchen themengleich-niveaudifferenziert und in welchen parallel mit separatem Stoffprogramm lernen soll. Die Heilpädagogin richtet ihre Unterstützung flexibel danach aus. Die grösstmögliche Teilnahme am gemeinsamen Unterricht hat immer höchste Priorität.

[4] Informationen und Konzepte zur schulischen Integration im Kanton Graubünden: http://www.gr.ch/DE/INSTITUTIONEN/VERWALTUNG/EKUD/AVS/PROJEKTE/Seiten/Integration.aspx

- Für das Stoffprogramm in denjenigen Fächern, in denen individuelle Lernziele gelten, ist die Heilpädagogin zuständig. Davon ist die Klassenlehrperson konsequent entlastet.
- Für die Eltern des Jungen ist zentral, nicht nur an ihr eigenes Kind, sondern an die ganze Schule zu denken. Es ist ihnen wichtig, dass alle Schülerinnen und Schüler, aber auch die Lehrpersonen zu ihrem Recht kommen, gute Lern- und Lehrbedingungen haben. Sie vereinbarten mit den Lehrpersonen und auch den anderen Eltern, dass bei aufkommenden Fragen oder Problemen sofort gegenseitig Kontakt aufgenommen wird. Auf diese Weise konnte erreicht werden, dass bisher alle Schwierigkeiten frühzeitig besprochen und gelöst werden konnten.
- Die koordinierende Fachperson des Sonderpädagogischen Kompetenzzentrums steht nicht nur für die halbjährlichen Standortbestimmungen zur Verfügung, sondern jederzeit – rasch und niederschwellig, wann immer sie gebraucht wird. Das gibt allen Beteiligten Sicherheit, Gelassenheit und Mut.

Integrative Schule ... und was kommt dann? Schweden geht mit gutem Beispiel voran

4. Juni 2010, 15:01

Im Reichsgymnasium in Kristianstad wechseln sich ganz normale Gymnasialklassen ab mit Lerngruppen von Jugendlichen mit körperlicher Behinderung und solchen von Jugendlichen mit geistiger Behinderung ... alles unter einem Dach.

Einige Worte zum Schulsystem in Schweden: Vom Vorkindergarten bis zum Abschluss der obligatorischen Schule lernen die Kinder und Jugendlichen grundsätzlich gemeinsam. Eine Aufteilung beispielsweise in verschiedene Schultypen auf der Sekundarstufe I gibt es nicht. Schülerinnen und Schüler mit Behinderung werden wenn möglich integrativ geschult. Es gibt aber auch Sonderschulen, wobei diese praktisch immer auf dem Gelände einer Regelschule angesiedelt sind. Die Eltern können wählen, ob ihr Kind integrativ oder separativ geschult werden soll.

Wie geht es nach dem Abschluss der obligatorischen Schule weiter? Die Mehrheit der Jugendlichen besucht das Gymnasium. Dieses hat in Schweden eine breitere Aufgabe als in Deutschland, Österreich oder der Schweiz. Die Jugendlichen im Alter zwischen 16 und 19 Jahren können aus 17 unterschiedlichen Profilen auswählen. Die meisten Profile beinhalten eine berufliche Grundausbildung, zwei bereiten gezielt auf die Hochschulreife vor.

In diesem Umfeld macht die volle Integration von Jugendlichen mit geistiger Behinderung in diese Profilklassen wenig Sinn. Um dennoch eine größtmögliche Integration verwirklichen zu können, sind Sonderschulklassen im «normalen» Gymnasiumsgebäude untergebracht. Spezialräume, Pauseneinrichtungen und die Mensa werden gemeinsam genutzt. Man sieht sich und man kennt sich. Wichtig ist die «Integration der Lehrpersonen»: Etliche von ihnen unterrichten sowohl in allgemeinen als auch in sonderpädagogischen Gymnasialklassen – beispielsweise ein Theaterpädagoge, der sowohl Projekte mit Jugendlichen mit einer geistigen Behinderung als auch Projekte in regulären Gymnasialklassen durchführt.

Die Schule steht dazu, dass sich die Schülerinnen und Schüler in diesem Alter nicht mehr alle mit den gleichen Themen befassen. Das stelle aber die integrative Ausrichtungen während der Volksschule nicht in Frage ... jede Lebensphase habe ihre Form, und die dürfe durchaus auch wechseln.

Die Schülerinnen und Schüler mit einer geistigen Behinderung können sich während ihrer Zeit im Gymnasium – wie alle anderen auch – auf eine berufliche Tätigkeit vorbereiten. Ein Profil weist in Richtung Gastronomie, eines fokussiert auf die Bereiche Hauswirtschaft und Textilien, ein weiteres auf einfache Tätigkeiten im Bereich Motorfahrzeugmechanik. Für alle Profile gibt es Folgeinstitutionen, die eine Mischung zwischen marktwirtschaftlichem Betrieb und geschütztem Arbeitsplatz darstellen. Für die kognitiv weniger leistungsfähigen Jugendlichen stehen geschützte Werkstätten zur Verfügung.

Körperbehinderte Jugendliche haben hier ideale infrastrukturelle Bedingungen (Hilfsmittel, bauliche Anpassungen, in die Schule integrierte Physiotherapie sowie wenn nötig assistierte Wohngemeinschaften). Alle können frei wählen, ob sie in einer Gymnasium-Grossklasse (mit Assistenz) oder in der speziellen Gruppe lernen wollen.[5]

Sonderschule oder Regelschule? Diese Frage stellt sich im Südtirol nicht

9. April 2010, 12:09

Pause in einem Kindergarten im norditalienischen, deutschsprachigen Südtirol. Erst auf den zweiten Blick fällt auf, dass einer der Knaben in einer Sitzschale sitzt: Eine Cerebralparese bewirkt, dass seine Muskeln nicht immer dasjenige tun, was er von ihnen möchte. Er kann nicht gehen und das Sprechen fällt ihm etwas schwerer als seinen Kameradinnen und Kameraden.

Die Frage, welche Art von Kindergarten dieser Junge besuchen soll, stellte sich nicht, weil die Alternative «Besuch einer Sonderschule» hier nicht existiert. Entsprechend wissen sämtliche Kindergärtnerinnen, Grundschul-Lehrpersonen und Lehrpersonen der Sekundarstufe I, dass sie mit allen möglichen Funktionseinschränkungen und Behinderungen konfrontiert sein können. Eine Kindergärtnerin: «Wir stellen uns frühzeitig darauf ein, wenn ein Kind mit Beeinträchtigung ins Kindergartenalter kommt. Selbstverständlich geht es nicht ohne fachspezifische Unterstützung und zusätzliches Personal. Wir erhalten beides, und wir besuchen spezifische Fortbildungen, je nach Art der Beeinträchtigung der entsprechenden Kinder.»

Diese Haltung der Selbstverständlichkeit hat mich als Besucher sehr beeindruckt: Herausforderungen werden angenommen und gemeinsam getragen. «Unsere Schule ist eine Schule für alle» ist als gelebter Leitsatz spürbar ... und nicht etwa «*das Weg* ist das Ziel» (... mit *«das Weg»* meine ich «das Loswerden, das Weggeben aus der Regelklasse»).

In einem weiteren Kindergarten, etwas nördlicher im Vintschgau gelegen, wird ein gehörloses Mädchen mit Cochlea-Implantat-Versorgung integrativ gefördert. Um sie bei der Verankerung von Begriffen zu unterstützen, haben die Kindergärtnerinnen begonnen, systematisch Schriftbilder in den Alltag einzubauen: Ganze Dialoge sind in Wort und Bild auf Plakaten dargestellt.

---

[5] Weitere Informationen zum Reichsgymnasium in Kristianstad: http://www.buf.kristianstad.se/rg

Inzwischen haben sie festgestellt, dass auch etliche der anderen Kindergartenkinder enorm davon profitieren ...

Eine strukturierte Förderplanung – sie orientiert sich stark an der Internationalen Klassifikation der Funktionsfähigkeit, Behinderung und Gesundheit (ICF) der Weltgesundheitsorganisation WHO – ist in der Provinz Bozen gut etabliert. Die Förderberichte, die ich in zwei unterschiedlichen Kindergärten zu sehen bekam, waren aussagekräftig und zielorientiert. Entsprechende Vorgaben, Handreichungen sowie fachliche Unterstützung werden von der Kindergartendirektion in Meran zur Verfügung gestellt.[6]

Leider hatte ich keine Möglichkeit, eine Sekundarschule zu besuchen. Es wäre interessant gewesen, das Spannungsfeld inklusiver Bildung (soziale Teilhabe, adäquate Förderung, ...) auch auf dieser Schulstufe kennen zu lernen.

In Moldawien herrschen schwierige Bedingungen für die schulische Integration

5. April 2010, 19:23

Bevor ich die Republik Moldowa zum ersten Mal besuchte, wusste ich nicht einmal so recht, wo sie liegt: Westlich grenzt dieses Land, das kleiner ist als die Schweiz, an Rumänien. Nördlich, östlich und südlich ist es von der Ukraine umgeben. Das schwarze Meer ist nicht weit.

Bis zum Beginn der 90-er-Jahre war Moldawien Teil der UdSSR. Das Bildungssystem wurde nach sowjetischem Muster ausgerichtet und seither nicht wesentlich verändert. Wie jedes System hat auch dieses Vor- und Nachteile:

- Der Kindergarten und die Schule sind Lebensräume, die je nach Bedürfnissen der Eltern den ganzen Tag zur Verfügung stehen. Die Gemeinschaft wird gross geschrieben. Der Unterricht ist hoch strukturiert, was für einzelne Kinder einen hilfreichen Halt gibt. Einzelne Lehrpersonen sind pädagogisch sehr geschickt und machen zwar traditionellen, aber guten Unterricht.
- Der Unterricht ist darauf ausgerichtet, dass alle zur gleichen Zeit dasselbe tun. Kreativität hat ihren Platz nur in den dafür vorgegebenen Bahnen. Der

---

[6] Weitere Informationen zur schulischen Integration im Südtirol: http://www.provinz.bz.it/schulamt/verwaltung/integration.asp

Konkurrenzdruck ist allgegenwärtig. Wer schwächer oder in irgend einer Weise «anders» ist, hat einen schweren Stand. Es gibt zwar einen schulpsychologischen Dienst, doch scheint dieser vor allem die Funktion zu haben, dem Kind zu Systemkonformität zu verhelfen (... was in anderen Ländern ja nicht wirklich anders ist, jedoch nicht in so dominanter Art und Weise).

Nach dem Zusammenbruch der Sowjetunion ist Moldawien zunehmend verarmt. Der Bereich der öffentlichen Bildung hat mit der Entwicklung von Subsystemen reagiert:

- Einzelne Volksschulen haben ein besonderes Profil, beispielsweise französische oder deutsche Kultur und Sprache als Schwerpunkt. Sie werden in Moldawien «Lyceum» genannt. Diese Schulen machen Eintrittstests mit Schulanfängern (Grundlagen des Lesens und Rechnens werden bereits im Kindergarten vermittelt). Lycenums-Volksschulen nehmen nur Kinder auf, die ihnen genügend leistungsfähig erscheinen. Wenn ein Kind später schlecht mitkommt, kann man (wenn die Lehrperson dazu bereit ist und die Eltern sich das leisten können) auf privater Basis bei der Klassenlehrperson (!) zusätzliche Einzelförderung einkaufen. Das ist ein willkommener «Zustupf» zum tiefen Lehrerlohn (umgerechnet ca. 300-350 € im Monat). Staatlich finanzierte Unterstützungsmaßnahmen gibt es nicht. Darüber hinaus spenden die Eltern Geld in eine Schulkasse. Dafür kann sich die Schule zusätzliche Materialien kaufen, einen Mehrzweckraum renovieren oder einen Schulanlass finanzieren ... und das Kind von spendefreudigen Eltern kann, so vermute ich stark, mit «angemesseneren» Schulnoten rechnen.
- Andere Volksschule nehmen theoretisch alle Kinder auf, aber auch sie machen Eintrittstests. Wer die Buchstaben nicht kennt oder vielleicht ein logopädisches Problem hat, kann eine Absage erhalten und ist damit vom Volksschulunterricht ausgeschlossen. In diesen Schulen ist (im Vergleich zu den Lyceen) nicht nur die Durchmischung breiter und schwieriger; die Löhne der Lehrpersonen sind hier nochmals tiefer (ca. 250 €). Die Eltern dieser Schülerschaft können in der Regel auch weniger Geld «spenden», weshalb diese Schulen zusätzlich schlechter gestellt sind.
- Schafft es ein Kind auch in einer solchen Schule nicht, wird es zuhause gelassen (die Familie bekommt für ein schwer behindertes Kind umgerechnet

30 € pro Monat ... meist kann die Mutter nicht arbeiten gehen ... entsprechend reicht dieses Geld nirgends hin), oder es kommt in ein Heim für behinderte Kinder. Hier sind die Kinder vollständig von ihrem bisherigen Umfeld abgeschnitten. Das Personal ist schlecht ausgebildet, miserabel bezahlt und entsprechend unmotiviert.

Ich hatte die Gelegenheit, sowohl in der Stadt als auch auf dem Land verschiedene ärmere Familien zu besuchen. Die Not ist unbeschreiblich. Oft leben ganze Familien in einem oder zwei kleinen Zimmern.

Eine konkrete Situation: Ein rund siebenjähriges Mädchen ist körperlich schwer behindert. Ihre Beine sind deformiert, die Arme gelähmt. Kognitiv ist sie nicht beeinträchtigt, im Gegenteil: Sie macht einen ausgesprochen aufgeweckten Eindruck. Sie malt mit dem Mund und mit seinem rechten Fuß. Aufgrund der körperlichen Behinderung ist sie jedoch von allen Bildungsangeboten ausgeschlossen – für Besucher aus der Schweiz eine schwierig zu verdauende Tatsache.

Die Hilfsorganisation «Green Cross Schweiz»[7] unterstützt Projekte zugunsten behinderter Kinder und Jugendlicher sowie benachteiligter Familien in Moldawien. Es werden in diesem Land besonders viele Kinder mit Missbildungen geboren, weil Moldawien vor rund 25 Jahren von einer Tschernobyl-Wolke überzogen wurde ... und die damalige Regierung das Volk nicht gewarnt hat. So wurden zahlreiche Menschen nachhaltig radioaktiv kontaminiert und tragen ein geschädigtes Erbgut weiter.

Die Umsetzung von Unterstützungsprojekten ist nicht einfach, doch es gibt keine Alternative: Wenn man die Situation dieser Kinder und Familien verbessern will, braucht es ein klares Engagement.

Eine Schule, die Israel neue Hoffnung geben kann

30. März 2010, 17:08

Es war nicht das Bildungsministerium, das den Anstoß für die «Hand-in-hand» Schulen in Israel gegeben hat: Eltern jüdischer und arabischer Söhne und Töchter hatten die Idee, ihren Kindern eine gemeinsame Zukunft zu er-

---

[7] Webseite der Hilfsorganisation Green Cross Schweiz: http://www.greencross.ch/

möglichen. Alles an dieser Schule ist bilingual und (zumindest) bikulturell, nicht nur die Schülerinnen und Schüler: Jede Klasse hat zwei Lehrpersonen, wobei die eine in arabischer und die andere in hebräischer Sprache unterrichtet. Selbst die Schulleitung ist doppelt besetzt. «Ich und meine Klasse» funktioniert an dieser Schule definitiv nicht mehr: Eine intensive Zusammenarbeit aller Beteiligten ist unverzichtbar.

Die Kinder treten in der Regel ohne Kenntnisse der anderen Sprache in den Vorkindergarten ein. In den ersten Tagen suchten sie gemäß den Kindergärtnerinnen den Kontakt zu Gleichsprachigen und zur erwachsenen Person ihrer Sprache, aber schon nach einer Woche sei das vorbei: «Dann läuft die Kommunikation und das gemeinsame Spielen irgendwie wie von selbst.»

Freundschaften, so berichteten mir Schülerinnen und Schüler der oberen Klassen, würden sich in dieser Schule nach anderen Kriterien als «jüdisch» oder «arabisch» bilden. Gemeinsame Interessen sowie «einfach Sympathie eben» seien wichtiger.

Ich fragte den Schulleiter, wie der gesellschaftliche Support für diese Idee sei. «Leider nicht sehr gut». Das Ziel, arabischen Kindern und Jugendlichen Selbstbewusstsein und auch Leadership-Qualitäten zu vermitteln, wird von vielen Israeli nicht als erstrebenswert erachtet. «Wie tief diese Problematik sitzt, kann man daran erkennen, dass etliche jüdische Schülerinnen und Schüler auf Wunsch von deren Eltern die Schule nach der 6. oder 7. Klasse verlassen: Man wolle die Jungen und Mädchen für den kommenden «Ernst des Lebens» (Absolvieren des 2-jährigen [w] resp. 3-jährigen [m] Militärdienstes; jüdische Heirat) klar und ohne Irritationen vorbereiten. Die Idee der Hand-in-hand Schule scheint demnach für Etliche nur für die Kindheit, nicht aber fürs Erwachsenenalter gut zu sein.[8]

[8] Homepage der Hand in Hand School: http://www.handinhandk12.org/ ... Spenden sind der Schule sehr willkommen und sind meines Erachtens sinnvoll und vertrauenswürdig

Eine Schule für Sehgeschädigte ohne Schülerinnen und Schüler

13. Februar 2010, 18:06

Im Bundesland Schleswig-Holstein gibt es keine Sonderschulen für sehbehinderte und blinde Kinder und Jugendliche im üblichen Sinne. Die meisten dieser Schülerinnen und Schüler werden integrativ in der Regelschule an ihrem Wohnort unterrichtet. Beim Vorliegen einer zusätzlichen Behinderung erfolgt die Förderung in einer regionalen Sonderschule – meist in einer mit Förderschwerpunkt Kognition. In jedem Fall werden nicht nur die sehgeschädigten Schülerinnen und Schüler selbst, sondern auch deren Lehrpersonen und Eltern vom «Landesförderzentrum Sehen, Schleswig» unterstützt.[9]

Stellt die Integration von sehbehinderten und blinden Schülerinnen und Schülern in Regelklassen nicht eine sonderpädagogische Fahrlässigkeit dar? Geht auf diese Weise nicht das sehgeschädigtenspezifische Know-how verloren?

Ich hatte vom 10. bis 12. Februar 2010 die Gelegenheit, Einblick in die Arbeit des Förderzentrums zu nehmen ... und ich war sehr beeindruckt. Das Landesförderzentrum ist für mich der lebendige Beweis, dass es möglich ist, fachspezifisches Wissen und Können auch ohne stationäres Angebot zu bewahren. Es braucht dazu aber eine gut geführte «Zentrale», zu der die integrativ tätigen Fachleute regelmäßigen Kontakt haben. Im Falle des Landesförderzentrums Sehen geschieht dies alle 14 Tage.

Was bietet dieses Landesförderzentrum? Die Schule vor Ort wird durch sehgeschädigtenspezifische Fachpersonen wirkungsvoll unterstützt. Beratung erfolgt nicht nur im Früh-, Grundschul- und Sekundarschulbereich, sondern auch beim Übergang in den Beruf bis zum Ende der Ausbildung. Jede Schülerin, jeder Schüler besucht mehrmals jährlich zentrale Kurse. So lernen sie Gleichbetroffene kennen. Das Kursprogramm ist spannend und breit. Das Zentrum unterhält ein gut sortiertes Medienzentrum. Darüber hinaus bietet es die Dienstleistung an, Förder- und Unterrichtsmaterialien sehgeschädigtengerecht zu erstellen (z.B. durch tastbare Elemente, kontrastreiche Farbgebung, Umsetzung in Brailleschrift).

---

[9] Homepage des Landesförderzentrums Sehen, Schleswig: http://www.sfs-schleswig.de

Zusammenfassend einige konkretisierte Einblicke meines Besuchs in Schleswig-Holstein:

- Ein Mädchen im Primarschulalter ist blind und besucht ganz selbstverständlich die Regelschule in ihrem Wohnquartier. Zwei Halbtage pro Woche ist eine Sehgeschädigtenpädagogin vor Ort. In der restlichen Zeit steht je nach Bedarf und Aktivitäten der Klasse eine Assistenzperson zur Verfügung.
- In zentralen Kursen wird unter anderem der Umgang mit Hilfsmitteln geübt. Sehgeschädigte Schülerinnen und Schüler trainieren hier, was sie anschließend in der Schule und zuhause anwenden können.
- In einem Medienzentrum liegt ein breites Angebot an Förder- und Unterrichtsmaterialien bereit. Wenn beispielsweise eine Lehrperson das Thema «der menschliche Körper» durchnimmt, liefert das Förderzentrum tastbare Unterrichtsmaterialien.
- Im Förderzentrum werden Spiel- und Lehrmaterialien nach den Wünschen der Lehrpersonen sehgeschädigtengerecht aufbereitet (tastbare Bilderbücher, Umsetzung von Texten in die Punktschrift u.v.a.m.).

3. Umsetzung der Integration in Schule und Unterricht

Geht die Begabtenförderung in der integrativen Schule auf oder unter?

24. März 2013, 14:16

In der Debatte um die schulische Integration resp. Inklusion droht die Frage der Förderung von Schülerinnen und Schülern mit besonderer Begabung unterzugehen. Das ist nicht gut.

In einem Beitrag[10], der in der neuesten Publikation der LISSA-Stiftung «Begabungsförderung integriert»[11] abgedruckt ist, sind unter anderem verschiedene Stadien beschrieben, in denen sich Schulen bezüglich Begabungs- und Begabtenförderung befinden können:

• *Negation:* Wenn sich der Unterricht an einer fiktiven «durchschnittlichen Leistungsfähigkeit» orientiert, werden besonders begabte Schülerinnen und Schüler weder erkannt noch sind sie erwünscht, weil sie den Homogenitätsanspruch («alle tun zur gleichen Zeit dasselbe auf dem gleichen Niveau») stören.

• *Delegation:* Die pädagogische Herausforderung, auch besonders begabten Kindern und Jugendlichen gerecht zu werden, wird an ein spezielles Pull-Out-Programm delegiert. Der eigene Unterricht bleibt von einer entsprechenden Veränderung verschont.

• *Infiltration:* Einzelne Fachpersonen für Begabtenförderung, die in solchen Pull-Out-Programmen tätig sind, infiltrieren auf geschickte Weise Förderideen

[10] Fachartikel (pdf-Datei): http://peterlienhard.ch/download/2013_03_lissa_lienhard.pdf
[11] Homepage des Lissa-Preises: http://www.lissa-preis.ch/default.aspx?page=291

(sei es durch Projekte oder Team-Teaching) in die Klassen und letztlich in die Unterrichtspraxis der Lehrpersonen im Schulhaus.

- *Kooperation:* Die Fachperson für Begabtenförderung arbeitet (konzeptuell vorgesehen und entsprechend verbindlich) in vielfältiger Weise mit Regellehrpersonen zusammen, was die Breitenwirkung der Begabungs- und Begabtenförderung innerhalb des Schulhauses erhöht.
- *Evolution:* Die Schule hat sich dafür entschieden, die klassenbezogenen Unterrichts- und Förderstrukturen so zu verändern, dass sie sowohl lernschwachen als auch besonders begabten Schülerinnen und Schülern besser entgegen kommen.

Ist ein Nachteilsausgleich im Bildungsbereich notwendig oder unfair?

1. März 2013, 11:48

Kinder und Jugendliche können oftmals trotz Beeinträchtigungen erstaunliche Leistungen erbringen, wenn sie die entsprechenden Bedingungen dafür vorfinden. Damit sind beispielsweise Hilfsmittel, Reglementierungen und Haltungen gemeint. Vor allem dann, wenn es um Prüfungssituationen geht, stellt sich die Frage, inwieweit behinderungsbedingte Ausgleichsmaßnahmen zum Einsatz kommen sollen – oder ob diese gerade nicht gewährt werden sollen, um den Betroffenen keinen unangemessenen Vorteil zu verschaffen.

Es geht also um Fragen wie diese: Wie soll eine Schülerin mit schwerer Lese-Rechtschreib-Schwäche im Fach Deutsch beurteilt werden? Darf ein Stotterer an einer mündlichen Prüfung mehr Zeit erhalten?

Ein interdisziplinäres Team (Glockengiesser, Henrich, Lienhard, Scheuner und Schriber) hat sich dieser Thematik angenommen. Es zeigt in einem praxisorientierten Artikel auf, weshalb Maßnahmen des Nachteilsausgleichs wichtig sind, welche Prinzipien dabei zu berücksichtigen sind und wie verhindert werden kann, dass der Grundsatz der Fairness gegenüber den nicht beeinträchtigen Schüler/innen verletzt wird. Zusätzlich zum Artikel stellt die Autorenschaft drei beispielhafte individuelle Vereinbarungen zum Nachteilsausgleich zur Verfügung[12].

Weniger Lehrpersonen pro Klasse: Bildungsdirektion des Kantons Zürich startet Projekt

26. Januar 2013, 18:17

Es ist unbestritten: Die Anzahl an Lehrpersonen auf der Kindergarten- und Primarstufe hat sich in den vergangenen Jahren laufend erhöht. Verschiedene Gründe sind dafür verantwortlich: Stellenteilungen aufgrund des Wunsches nach Teilzeitpensen, der Einsatz von Fachlehrpersonen sowie der Beizug von Lehrpersonen mit Spezialfunktionen wie Integrative Förderung [IF] oder Deutsch als Zweitsprache [DaZ]). Damit werden die Schnittstellen aufwändiger. Die Klarheit, wer wofür verantwortlich ist, kann leiden.

Vor diesem Hintergrund lanciert die Bildungsdirektion des Kantons Zürich ein Projekt unter der Bezeichnung «Fokus Starke Lernbeziehung»[13]. Möglichst viele Spezialfunktionen (u.a. IF, DaZ, Begabtenförderung sowie teilweise auch Therapien) sollen integral von zwei Lehrpersonen übernommen werden. Die Bündelung dieser Ressourcen macht es möglich, dass in vielen Lektionen zwei Lehrpersonen gemeinsam eine Klasse unterrichten werden. Fehlendes Fachwissen soll innerhalb der Schule durch Beratung gesichert werden. Gemäß Projektbeschrieb sollen damit folgende Zielsetzungen erreicht werden:

- pädagogisch (konstantere Lehr-Lern-Beziehung, verbesserte Beziehungsqualität)
- schulorganisatorisch (einfachere Personal- und Stundenplangestaltung, weniger Organisations- und Koordinationsaufwand)

---

[12] Die erwähnten und weitere Materialien sind hier herunterladbar: http://peterlienhard.ch → links auf «Nachteilsausgleich» klicken

[13] Projektseite der Bildungsdirektion des Kantons Zürich: http://www.vsa.zh.ch/internet/bildungsdirektion/vsa/de/schulbetrieb_und_unterricht/projekte/fokus_starke_lernbeziehungen0.html
Artikel Neue Zürcher Zeitung vom 24.01.2013: http://www.nzz.ch/aktuell/zuerich/stadt_region/klassen-sollen-weniger-lehrer-erhalten-1.17959207

- schulförderlich (Verstärkung der Kompetenzen der Lehrpersonen, mehr fachlicher Austausch, Konzentration auf das pädagogische Kerngeschäft)

Die Idee leuchtet ein: Die Aufsplitterung des (sonder-)pädagogischen Auftrags auf zu viele Personen ist für alle Beteiligten unbefriedigend – nicht zuletzt für die betroffenen Schülerinnen und Schüler. In diesem Zusammenhang möchte ich an die Evaluation des (leider bald der Vergangenheit angehörenden) Grundstufenprojekts erinnern: Sie hat nachgewiesen, dass ein gemeinsam verantworteter Unterricht mit zeitlich hoch dotiertem Teamteaching die Tragfähigkeit der pädagogischen Situation deutlich erhöht. Ich empfinde es deshalb als bitter, dass ein Schulmodell beerdigt werden muss, das Kernelemente des neuen Projekts «Fokus Starke Lernbeziehung» erfolgreich umsetzt.

Dieses Projekt wirft aber auch gewichtige Fragen auf: Gelingt es, das Knowhow der Lehrpersonen mit Spezialfunktionen – sie werden teilweise in einzelnen Klassen arbeiten, teilweise beratend tätig sein – in die Klassen und an die Schülerinnen und Schülern zu bringen? Erfolgt durch die Stärkung des Generalistentums eine Verflachung oder gar ein Verlust spezifischer Fähigkeiten und Fertigkeiten im Schulteam?

Ich bin gespannt, wie sich die Umsetzung des Projekts entwickelt, und ich erachte es als positiv, dass die Bildungsdirektion großen Wert auf dessen Begleitung und Evaluation legt. Neben strukturellen und schulorganisatorischen Fragen geht es schließlich darum, ob der Bildungsauftrag der Volksschule in diesem Modell mindestens gleich gut umgesetzt werden kann wie in den derzeit gelebten Settings – zugunsten aller Schülerinnen und Schüler, ob mit oder ohne besonderem Förderbedarf.

Unterrichtsentwicklung als Basis einer integrativen Schule: Chur macht's vor

26. März 2012, 08:26

Es sind nicht immer die Zentrumsregionen, die im Bereich der Schulentwicklung eine Vorreiterrolle einnehmen. In Chur, der Hauptstadt des Gebirgskantons Graubünden, wird seit Jahren in professioneller und gleichzeitig pragmatischer Weise Schulentwicklung betrieben.

Zehn Schritte zur Binnendifferenzierung im Unterricht

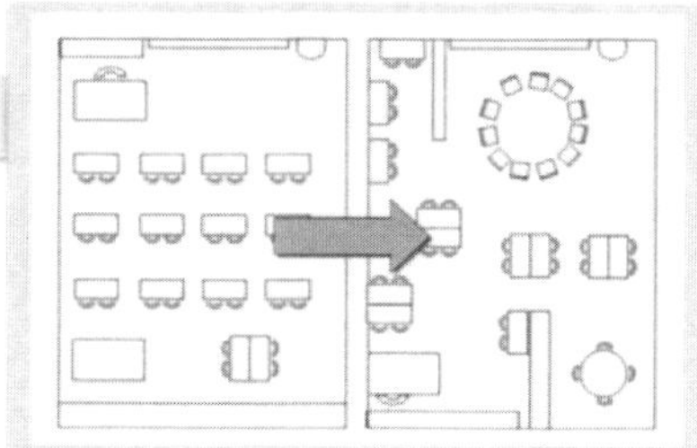

1. Grundstruktur verändern
2. Lehrphasen verkürzen
3. Lernaufgaben kreieren
4. Lernumgebung schaffen
5. Didaktik des «weissen Blattes» pflegen
6. Beratungsstrukturen aufbauen
7. Lehrmethoden und Lernstrategien vermitteln
8. Häufig Gespräche über das Lernen führen
9. Individuelle Lern(fort)schritte planen
10. Prozesse zulassen und eigene Erwartungen hinterfragen

Quelle: www.churermodell.ch → Konzept → Konzept Churer-Modell

Ein Beispiel: Auf der Primarstufe wurde das «Churer Modell» entwickelt.[14] Dieses hat zum Ziel, die Binnendifferenzierung im Unterricht auf vielfältige Weise umzusetzen. Dabei wurden namentlich bewährte Elemente des Kindergartens für die Primarschule adaptiert. Im Unterricht werden die folgenden Formen eingesetzt:

- Gemeinschaft (Rituale, im Kreis singen, sich austauschen, spielen),
- Kurs (Inputs im Kreis),
- Arbeit mit Lernangeboten (differenziert am Arbeitsplatz) sowie
- Freiarbeit (Arbeit an in individuellen Projekten, z.B. entlang der 7-Schritt-Methode).

Das Projekt wird sorgsam Schritt für Schritt auf immer mehr Klassen ausgeweitet. Es entwickelt sich sehr erfreulich.

[14] Homepage des «Churer-Modells»: http://www.churermodell.ch/

In einem gut aufbereiteten, vierseitigen Papier wird der Weg zur Binnendifferenzierung in zehn Schritten vorgestellt.[15]

Zehn Gebote für eine gute Schule

6. November 2011, 13:18

Er hat 30 Jahre als Lehrer gearbeitet, davon 14 Jahre als Schulleiter. In dieser Zeit hat er nicht nur Entwicklungen angestossen, sondern auch Vieles erkämpft, ausgestanden, umgesetzt – nicht selten gegen massive Widerstände. Und er hat nie die Freude an der Entwickung einer guten Schule verloren.

Kurt Bannwart hat ihn zu Recht erhalten, den «Bildungspreis 2011 der Pädagogischen Hochschule Zürich und der Stiftung Pestalozzianum».[16] Der Preis wurde ihm im Rahmen des PHZH-Gründungstages vom 28. Oktober verliehen. Nach der gewohnt brillanten Laudatio von Prof. Jürgen Oelkers dankte Kurt Bannwart mit einer eindrücklichen Rede. Er fasste seine Erfahrungen in 10 Geboten zusammen, die er Studierenden und jungen Lehrkräften mit auf den Weg gab.[17] Das Publikum reagierte berührt und fasziniert mit einer stehenden Ovation.

Best practice und konkrete Entwicklungshinweise: Publikation «Schulische Integration gelingt»

23. Dezember 2011, 09:54

Die Autorenliste dieses im Dezember 2011 erschienen Buches (Herausgeber: Andrea Lanfranchi und Josef Steppacher)[18] liest sich – leicht übertrieben ausgedrückt – wie ein «Who is who» der Schweizerischen Sonderpädagogik, ergänzt durch namhafte Autorinnen und Autoren aus den deutschsprachigen

---

[15] pdf-Datei: http://peterlienhard.ch/download/2011_churer-modell.pdf
[16] Nähere Informationen zu diesem Bildungspreis: http://peterlienhard.ch/download/111025_phzh_bildungspreis.pdf
[17] Download des Referats von Kurt Bannwart: http://peterlienhard.ch/download/Gruendungstag2011_Referat_Kurt-Bannwart.pdf
[18] Lanfranchi, Andrea; Steppacher, Josef (2011). Schulische Integration gelingt: Gute Praxis wahrnehmen, Neues entwickeln. Bad Heilbrunn: Klinkhardt. ISBN-10: 3781518418; ISBN-13: 978-3781518414

Nachbarländern. Auf über 300 Seiten werden einerseits Grundlagen, Forschungsresultate und Gelingensbedingungen für die integrative Schule dargelegt. Andererseits sind Ausführungen zur Integration bei spezifischen Behinderungen enthalten – verfasst von Fachpersonen, die nicht einfach «darüber schreiben», sondern ihre konkreten Erfahrungen aus der Praxis weitergeben. Ein «Must», dieses Buch, das preislich erstaunlich fair daherkommt.

Hilfreiches Themenheft 'Lernende Schule': «Auf dem Weg zur inklusiven Schule»

2. Oktober 2011, 12:54

Kennen Sie die Zeitschrift «Lernende Schule – Für die Praxis pädagogischer Schulentwicklung»? Das letzte Themenheft «Auf dem Weg zur inklusiven Schule» lohnt sich besonders anzuschauen. Es enthält klar und undogmatisch verfasste Beiträge, die nah an der Praxis und deren Fragen sind. Ein Beispiel: Der «Wanderführer zu inklusiven Schulentwicklung» zeigt in zwölf Schritten auf, wie eine Schule dem Ziel der Inklusion näher kommen kann. Jeder Schritt ist mit erwachsenendidaktischen, einfach umsetzbaren Hinweisen und Materialien illustriert. Ein Blick ins Inhaltsverzeichnis macht Lust, sich mit diesem Themenheft näher zu befassen. Ein Auszug daraus:

Grundsätzliches und Strittiges

- Inklusive Pädagogik: Eine Herausforderung für die Schulentwicklung
- Qualitätsmaßstäbe für inklusive Schulen
- Müssen Lehrkräfte ihr didaktisches Handeln verändern?

Praxis

- Auf dem Weg zu einer inklusiven Schule: Die IGS Hannover-Stöcken, eine Schule für alle
- Kooperation im Unterricht konkret
- «Es gibt zu viele Schlupflöcher, der Inklusion zu entkommen»

Werkstatt

- «Wanderführer» zur inklusiven Schulentwicklung

Schulleitungsbeilage

- Alle Schüler in den Blick nehmen und einen Rahmen für Inklusion schaffen: Materialien für einen Schulentwicklungsprozess

Bibliographische Angaben zu diesem Themenheft: Auf dem Weg zur inklusiven Schule, Zs. Lernende Schule, Heft 55, 2011, 14. Jahrgang, Best.-Nr. 537055. Man kann es direkt beim Friedrich-Verlag als Einzelheft bestellen.[19]

Eine gute Schule für alle kann auch über die «Begabtenschiene» entwickelt werden

2. Juli 2011, 13:54

Zuweilen wird man als realitätsfremden «pädagogischen Romantiker» belächelt, wenn man die Überzeugung vertritt, dass eine Schule mit differenzierenden und individualisierenden Angeboten lernschwachen und besonders begabten Schülerinnen und Schülern gleichermaßen entgegen kommt. Ein Artikel in der ZEIT vom 21. Juli 2011 («Hilfe für Schlaue»)[20] berichtet über Schulen, die einen pädagogischen Entwicklungsprozess durchgemacht haben, um den Bedürfnissen von Kindern mit besonderen Begabungen besser entgegenkommen zu können. Es sind Elemente, die auch bei guten integrativen Schulen mit dem Fokus «Unterstützung von Kindern mit sonderpädagogischem Förderbedarf» zu finden sind. Es wäre zu wünschen, dass diese Parallele breit erkannt wird – und dass es weder nötig noch sinnvoll ist, inklusive pädagogische Entwicklungen zugunsten der «Schwächeren» oder der «Stärkeren» gegeneinander auszuspielen.

«Wir alle in einer Klasse!»: Eine sehr empfehlenswerte Publikation

1. Juli 2011, 11:49

Geht die schulische Integration auf Kosten der normal- und hochbegabten Schülerinnen und Schüler? Sind Schülerinnen und Schüler mit besonderem

[19] http://www.friedrich-verlag.de/go/04FC3C60829D4A2EACA5757EED194237
[20] http://peterlienhard.ch/download/110721_die_zeit_hilfe_fuer_schlaue.pdf

Bildungsbedarf oder einer Behinderung in integrativen Schulen sozial integriert? Ist schulische Integration auf der Sekundarstufe I möglich?

Von diesen und sechs weiteren «FAQ's» geht diese kompakte Broschüre aus. Der Autor Patrik Widmer-Wolf von der Pädagogischen Hochschule der Fachhochschule Nordwestschweiz hat Forschungsresultate, Erfahrungsberichte und weitere relevante Materialien in Form einer gut lesbaren, kompakten Broschüre zusammengestellt. Jede Frage wird erläutert und mündet in einem zusammenfassenden Fazit.

Ich finde diese Publikation absolut empfehlenswert. Dass mir die Graphiken nicht so gut gefallen, schmälert deren Wert in keiner Weise. Sie kann für 15 Franken (zuzüglich Versandkosten) online bestellt werden.[21]

Literaturangabe: Widmer-Wolf, Patrik (2011). Wir alle in einer Klasse! Heterogenität in Schule und Unterricht: Fragen – Erkenntnisse – Perspektiven. Fachhochschule Nordwestschweiz, Pädagogische Hochschule (Broschüre DIN A4, 28 Seiten).

Integration von Jugendlichen mit Migrationshintergrund auf der Gymnasialstufe

2. Juni 2011, 15:40

Wenn von schulischer Integration die Rede ist, denkt in der Regel niemand an die Gymnasialstufe. Das Gymnasium Unterstrass[22] in Zürich – eine traditionsreiche Institution, die seit dem Jahr 1869 Werteorientierung und Innovation unter einen Hut bringt – wollte sich nicht mit der Tatsache abfinden, dass Jugendliche mit Migrationshintergrund viel zu selten die Hochschulreife schaffen. Vor einigen Jahren wurde deshalb das Projekt ChagAll (**Cha**ncen**g**erechtigkeit durch **A**rbeit an der **L**ern**l**aufbahn)[23] ins Leben gerufen. Begabte Schülerinnen und Schüler mit Migrationshintergrund können von Lehrpersonen der Sekundarstufe I gemeldet werden. Bei entsprechendem Potential und guter Eigenmotivation werden sie in ein Vorbereitungsprogramm aufge-

[21] Bestellmöglichkeit: http://www.fhnw.ch/ph/iwb/publikationen/wir-alle-in-einer-klasse
[22] Homepage des Gymnasiums Unterstrass: http://www.unterstrass.edu
[23] Projektseite «ChagAll»: http://www.unterstrass.edu/projekte/chagall

nommen. Die Schulzeit verbringen sie in regulären Gymnasialklassen und werden bedarfsorientiert durch einen Coach begleitet.

Ich konnte kürzlich persönlich Einblick nehmen und bin von diesem Projekt überzeugt und begeistert. Obwohl es durch namhafte Stiftungen wie Jacobs Foundation oder Stiftung Mercator Schweiz unterstützt wird, ist die gemeinnützige Schule unterstrass.edu darauf angewiesen, dass das Projekt durch Spenden aufrechterhalten werden kann. Zuwendungen auf das schweizerische Postkonto 80-2440-7 sind gut investiert.

Zwei Personen pro Klasse, weniger Verzettelung der Ressourcen

2. April 2011, 10:56

Marcel Bachmann, der neue Chef des Schulamts der Stadt Zürich, zeigt in einem Interview des Magazins des Zürcher Lehreinnen- und Lehrervereins ZLV (1/2011 auf, wie er sich die Entwicklung «seiner» Schule vorstellt. Bachmanns Vision ist klar integrationsorientiert, aber frei von Dogamtismus. Mir gefällt seine Ansicht, dass die personellen Ressourcen der Schule nicht verzettelnd auf viele Personen verteilt werden sollen: Längerfristig sollen möglichst zwei Personen pro Klasse eingesetzt werden. Ich gehe mit ihm einig, dass damit eine der wichtigsten Säulen der Tragfähigkeit einer integrativen Schule gesetzt wird.[24]

Auch über Grenzen der schulischen Integration muss offen gesprochen werden

7. November 2010, 12:59

Wenn von Grenzen der Integration die Rede ist, fällt der Fokus oft auf den betreffenden Schüler: Er gilt als unintegrierbar. Diese Sichtweise unterschlägt die Tatsache, dass eine gelingende schulische Integration mit weit mehr Einflussfaktoren zusammenhängt ... beispielsweise mit der Kompetenzüberzeugung der Lehrpersonen, der Qualität und dem Umfang der zusätzlichen Un-

---

[24] Link zum Schulamt der Stadt Zürich: http://www.stadt-zuerich.ch/ssd/de/index/volksschule/schulamt.html

terstützung, der strategischen Ausrichtung der Schulbehörden und des verantwortlichen Bildungsministeriums u.a.m.

Dennoch: Es gibt Schülerinnen und Schüler, die aufgrund ihrer spezifischen Beeinträchtigungen überdurchschnittlich oft in der Regelschule scheitern und schliesslich von ihr ausgeschlossen werden. Ein sehr lesenswerter Artikel in der Wochenzeitung DIE ZEIT vom 4. November 2011 («Die Not ist riesengroß»)[25] befasst sich mit der Situation von Schülerinnen und Schülern mit psychischen Beeinträchtigungen.

[25] Download des Artikels als pdf-Datei:
http://peterlienhard.ch/blog_/101104_zeit_39-40.pdf

4. Diagnostik, Zusammenarbeit und Förderplanung

Inflation der Diagnosen ADHS und Autismusspektrumstörung

29. April 2013, 09:52

In den USA wird bereits jedem zehnten Kind die Diagnose Aufmerksamkeitsdefizit-/ Hyperaktivitätsstörung (ADHS) zugeschrieben. Ähnlich rasant nehmen die diagnostizierten Autismusspektrumsstörungen (ASS) zu – auch in der Schweiz. Zwei lesenswerte Beiträge gehen der Frage nach, inwieweit diese Entwicklung hilfreich oder kontraproduktiv sei.

Der Kinderarzt Oskar Jenni – er leitet seit 2005 die Abteilung Entwicklungspädiatrie des Kinderspitals Zürich – plädiert für eine Anhebung der diagnostischen Schwelle[26]: Nur noch die schwersten Fälle sollen für eine psychiatrische Diagnose qualifizieren. Die Verhaltens- und Lernprobleme, die bei den «weicheren» Fällen bestehen, müssten durchaus ernst genommen werden, aber auf eine andere Art und Weise. Wichtig sei «die umfassende Beschreibung der Eigenheiten deines Kindes, seines Umfelds und der Probleme». Die inflationäre Zuschreibung dieser Diagnosen erachtet Jenni als kontraproduktiv. Er schließt seinen Beitrag wie folgt: «Ein mutiger Schritt wäre, auf Diagnosen zu verzichten, die hauptsächlich auf subjektiven Einschätzungen beruhen und damit viel Interpretationsspielraum zulassen. Aber dazu ist die Zeit wahrscheinlich noch nicht reif.»

---

[26] Artikel im Tages Anzeiger vom 20.04.2013 (pd-Dateil):
http://peterlienhard.ch/download/130420_ta_jenni_diagnosen.pdf

Eine ähnliche Haltung vertritt Alessia Schinardi vom Sozialpädiatrischen Zentrum in Winterthur[27]. Viele Fälle, die ihr zur Begutachtung einer allfälligen ASS unterbreitet werden, seien durch Eltern, Lehrpersonen oder Fachpersonen der Schulpsychologie bereits inoffiziell diagnostiziert worden. Diese Praxis sei weit verbreitet, weil sie kurzfristig «Erleichterung, Entlastung und Entschuldigung» bewirke. Bei genauerem Hinschauen erwiesen sich die Probleme aber häufig als reaktive Störungen auf nicht optimale Entwicklungs-, Erziehungs- und Bildungsbedingungen. Auch Schinardi betont, dass das Leiden der Beteiligten trotz des Verzichts auf die psychiatrische Diagnose ernst genommen werden muss. Es hilft aber mehr, die ursächlichen Zusammenhänge zu eruieren und anzugehen, als sich auf eine Diagnose abzustützen, die aus sich selbst heraus kaum handlungsleitend ist.

Genau dieses Ziel verfolgt das Standardisierte Abklärungsverfahren (SAV)[28], das derzeit in mehreren Kantonen eingeführt wird: In systematischer Weise sollen alle relevanten diagnostischen Informationen dargestellt werden – bezüglich der Funktionsfähigkeit des Kindes sowie seines derzeitigen schulischen und familiären Umfelds (im SAV wird dieser erste Schritt als «Basisabklärung» bezeichnet). In einem zweiten Schritt werden Ziele definiert, der daraus folgende Bedarf ermittelt und geeignete Maßnahmen vorgeschlagen («Bedarfsabklärung»). Allfällige Diagnosen wie ADHS oder ASS spielen hier durchaus eine Rolle, sind aber lediglich einzelne Puzzlesteine im Rahmen einer Gesamtsicht.

Radiosendung «Immer mehr Sonderschüler: Was ist los an unseren Schulen?»

14. Dezember 2012, 20:28

Die Anzahl Schülerinnen und Schüler, die den Status «Sonderschüler» erhalten, steigt unaufhörlich und in beunruhigender Weise an. Zu dieser Thematik diskutierten im Rahmen der Radiosendung «Forum» von Radio SRF 1 (vormals DRS 1) vom 13. Dezember 2012 die folgenden Personen:

---

[27] Beitrag im Schweiz Med Forum, 2011 (pdf-Datei): http://peterlienhard.ch/download/111100_ASS_schinardi.PDF

[28] Weitere Informationen zum SAV: http://www.sav-pes.ch/

- Beatrice Zbinden, Lehrerin auf der Sekundarstufe I im Kanton Bern
- Remo Largo, Kinderarzt und Buchautor
- Peter Lienhard-Tuggener, Hochschule für Heilpädagogik Zürich (der Schreibende)

Zuhörerinnen und Zuhörer konnten sich während der einstündigen Livesendung per Telefon oder E-Mail einbringen. Das Gespräch wurde in Deutschschweizer Dialekt geführt.[29]

Bezüglich inhaltlicher Tiefe und Präzision haben solche breiten Sendegefäße ihre Grenzen. So war während des Gesprächs beispielsweise immer wieder unklar, ob vor allem über die Integration von ehemaligen «Kleinklässlern» gesprochen wird (Schülerinnen und Schüler mit moderaten Lernbeeinträchtigungen oder Verhaltensauffälligkeiten) oder aber über die Integration von Schülerinnen und Schülern mit einer Behinderung (Kinder und Jugendliche mit schwerwiegenden Beeinträchtigungen). Und: Wichtige, aber komplexe Themen (z.B. Einführung einer Richtquote für verstärkte Maßnahmen [resp. Maßnahmen der Sonderschulung]; Sicherung des Bildungsrechts intensiv behinderter Kinder und Jugendlicher bei zunehmendem Kostendruck; sinnvoller Einsatz des Standardisierten Abklärungsverfahrens; triagierende Mitverantwortung der abklärenden Dienste bei der Maßnahmenfindung) hatten in diesem Rahmen verständlicherweise keinen Platz.

So oder so: Gesamthaft empfand ich das Gesprächsklima als konstruktiv und angenehm undogmatisch. Die Haltung und das Engagement der Lehrerin Beatrice Zbinden haben mich sehr beeindruckt.

---

[29] Den Beitrag als Streaming anhören: http://www.srf.ch/sendungen/forum/immer-mehr-sonderschueler-was-ist-los-an-unseren-schulen
Download des Radiobeitrags als Poscast (mp3-zip-Datei, 25 MB): http://peterlienhard.ch/download/121214_forum_drs1_folder.zip

Ungebremster Anstieg der Sonderschüler/innen im Kanton Zürich

6. Oktober 2012, 12:14

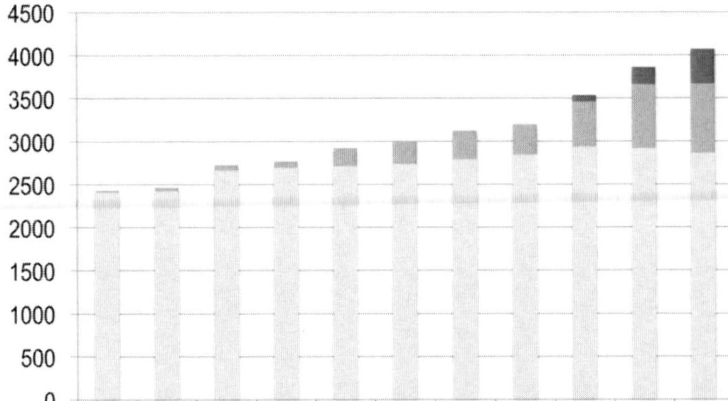

	2001	2002	2003	2004	2005	2006	2007	2008	2009	2010	2011
■ integriert im Rahmen von Einzelfalllösungen (heute «ISR»)									74	201	402
■ integriert (heute «ISS»)	18	35	61	73	208	270	337	358	532	743	809
separiert	2412	2428	2665	2693	2713	2736	2789	2843	2932	2917	2858

Es braucht nicht viel Fantasie, um die weitere Entwicklung dieses Säulendiagramms[30] vorherzusagen: Wenn keine steuernden Maßnahmen ergriffen werden, wird insbesondere die «Integrierte Sonderschulung in der Verantwortung der Regelschule» (ISR, im Säulendiagramm dunkelgrau) ungebremst weiter anwachsen.

Warum dies geschieht, hat den folgenden Zusammenhang: Die sonderpädagogischen Ressourcen im Regelschulbereich sind im Kanton Zürich kontingentiert und können von der Gemeinde nicht ausgeweitet werden. Durch das Erteilen des Etiketts «Sonderschüler» kann sich die Regelschule zusätzliche Ressourcen verschaffen. So kommt es, dass viele Kinder und Jugendliche sozusagen aus finanztechnischen Gründen zu Sonderschülern werden. Das ist nicht nur unbefriedigend, sondern stoßend.

Was ist zu tun? Solange neben einem kontingentierten System (Sonderpädagogik in der Regelschule) ein gegen oben offenes System (zusätzliche

[30] Datenquelle: Auszug aus dem Protokoll des Regierungsrates des Kantons Zürich (KR-Nr. 195/2012, Sitzung vom 26.09.2012; 918. Anfrage (Bilanz der Transferleistungen an die Kantone im Bereich der Sonderpädagogik)

Ressourcen durch Sonderschulstatus) besteht, wird sich nichts ändern. Es ist aber absehbar, dass ausufernde Schulbudgets in den Gemeinden unter Druck geraten und reduziert werden müssen. Man sollte es nicht so weit kommen lassen, weil die Gefahr besteht, die erzwungenen Reduktionen hastig, wenig reflektiert (und deshalb am falschen Ort) zu tätigen.

Ein möglicherweise besserer Weg könnte die folgenden Elemente umfassen:

- Es braucht eine Setzung, wie hoch der maximal gewollte Anteil an Sonderschülerinnen und Sonderschülern im Kanton sein soll. Weil die Sonderschulquote in den letzten Jahren laufend angestiegen ist, muss von einer «Grauzonenklientel» ausgegangen werden, welche in erster Linie aus Gründen der Ressourcengenerierung mit dem Sonderschulstatus versehen wurde. Entsprechend ist nicht zu erwarten, dass diese Regelung dazu führt, dass der Unterstützungsanspruch schwerer behinderter Schülerinnen und Schüler in Frage gestellt wird.
- Weil es die Schulgemeinden sind, die den Sonderschulstatus von Schüler/innen aussprechen, hat der Kanton keinen direkten Einfluss auf diese Entscheidungen. Indirekt könnte er jedoch die separativen Sonderschulplätze durch eine kantonale Angebotsplanung und daraus abgeleitete Leistungsvereinbarungen mit den Sonderschulinstitutionen steuern. Ein schrittweiser Abbau eines Teils der Sonderschulplätze wäre angesichts vermehrter integrativer Sonderschulungen nur logisch: Es braucht eine angemessene Umlagerung von Ressourcen, die heute in den Sonderschulen gebunden sind, um die Regelschule wirksam stärken zu können.
- Für die Gemeinden könnte der Kanton die Empfehlung einer Bandbreite ihrer Sonderschülerquote aussprechen. Es ist absehbar, dass viele Gemeinden dankbar wären um eine verbindliche Zielgröße, an der sich die Schulleitungen und die abklärenden Dienste orientieren könnten. Die diagnostische Triage sollte mehr zielorientiert als defizitorientiert sein, was durch die Einführung des Standardisierten Abklärungsverfahrens[31] würde.
- In absehbarer Zeit sollten zudem Wege gefunden werden, belastete Regelschulklassen mit zusätzlichen Ressourcen zu unterstützen, ohne dass dazu ein einzelnes Kind herausgepflückt und als Sonderschüler/in «gela-

[31] Nähere Informationen zum Standardisierten Abklärungsverfahren: http://peterlienhard.ch → links auf «Standardisiertes Abklärungsverfahren» klicken

belt» werden muss. Die Sonderschulquoten-Bandbreite der Gemeinde könnte parallel dazu heruntergefahren werden.

Immer mehr Schülerinnen und Schüler mit der Diagnose «geistige Behinderung»

2. April 2012, 18:05

Die «Vierteljahreszeitschrift für Heilpädagogik» (VHN) druckt regelmäßig E-Mail-Dialoge zwischen zwei sonderpädagogischen Fachpersonen ab. In der aktuellen Nummer 2/2012 unterhalten sich Hans-Rudolf Bischofberger (Leiter der Heilpädagogischen Schule der Stadt Zürich) und Peter Lienhard (Mitarbeiter an der Interkantonalen Hochschule für Heilpädagogik Zürich) über eine Thematik, die nicht nur ihnen Kopfzerbrechen bereitet: Wie kommt es, dass der Anteil an Schülerinnen und Schüler mit der Diagnose «geistige Behinderung» vielerorts dramatisch ansteigt? In der Stadt Zürich beispielsweise waren es vor zehn Jahren 120 Schülerinnen und Schüler; heute sind es 440, mehr als dreieinhalb Mal so viel.

Der E-Mail-Dialog[32] geht über die Suche nach Ursachen hinaus und mündet in visionären Organisations- und Ressourcierungsmodellen, die aufgrund des finanzpolitischen Drucks, die Sonderschulzahlen nicht weiterhin ungebremst steigen zu lassen, allenfalls schon bald Realität werden könnten.

Die VHN dürfte in den meisten sonderpädagogisch ausgerichteten Bibliotheken einsehbar sein. Das Heft oder auch nur dieser eine Artikel kann beim Reinhard-Verlag online erworben werden – als Printausgabe oder als pdf-Datei.[33]

---

[32] Ausschnitt aus diesem Dialog: http://peterlienhard.ch/blog/wp-content/uploads/2012/04/dialog_vhn_bischofberger_lienhard.jpg

[33] http://reinhardtverlag.de/de/zeitschriften/vhn/51575/Vierteljahresschrift_fuer_Heilpaedagogik_und_ihre_Nachbargebiete_VHN_p_/

Förderdiagnostisches Praxismodell für die Sekundarstufe I

28. März 2012, 20:15

Roger Mäder und Jürg Senn arbeiten als Schulische Heilpädagogen an der Sekundarschule in Pratteln im Kanton Basel-Landschaft. Sie haben eine förderdiagnostische Konzeption erarbeitet, die bezüglich fachlicher Abstützung, Klarheit und Praxisfreundlichkeit ihresgleichen sucht.

Im Rahmen einer sorgfältig nachgeführten Internetseite stellen sie in verdankenswerter Weise alle Unterlagen gut dokumentiert frei zur Verfügung.[34]

Auch wenn diese Konzeption für die Sekundarstufe I entwickelt wurde: Das Förderdiagnostische Praxismodell eignet sich durchaus auch für die Anwendung auf der Primarstufe.[35]

Radiosendung «Therapieren wir unsere Schulkinder zugrunde?»

11. November 2011, 11:11

Momentan wird die Thematik, dass Kinder bei jeder kleinen Abweichung therapiert würden, medial heiß gekocht – im Tages Anzeiger und in der NZZ am Sonntag war davon zu lesen. In einer Radio-Debatte, die am 11.11.2011 auf Radio DRS 2 im Sendegefäß «Kontext» ausgestrahlt wurde, «diskutieren» Lilo Lätzsch (Präsidentin des Zürcher Lehrerinnen- und Lehrerverbandes), Sefkia Garibovic (freiberufliche Expertin für Nacherziehung und systemische Therapie) sowie ich, Peter Lienhard (Dozent an der Interkantonalen Hochschule für Heilpädagogik Zürich). Moderiert wurde das Gespräch von Angelika Schett.

Weshalb «diskutieren» in Anführungszeichen? Frau Garibovic ging ausschließlich von ihrer Erfahrung mit sehr problematischen, verfahrenen Einzelsituationen aus (Maßnahmen-Odysee, Schulausschluss, massive medikamentöse Behandlungen, Entzug des Sorgerechts der Eltern). Daraus leitete

[34] Internetseite von Roger Mäder und Jürg Senn: http://foerder-plan.com/

[35] Verschiedene Materialien von Roger Mäder und Jürg Senn sind auch über die folgende Internetseite abrufbar: http://peterlienhard.ch → links «Förderdiagnostik» anwählen

sie extreme Generalisierungen zur Situation der Schule ab, was eine differenzierte Diskussion stark erschwerte.

Wer sich die Sendung trotzdem anhören möchte, findet in der folgenden Fußnote die entsprechenden Links.[36]

Neues Standardwerk zum Thema Förderplanung erschienen

1. Oktober 2011, 12:26

Gibt es nicht schon genügend Publikationen im Themenkreis der Förderdiagnostik und Förderplanung? Diese Frage ist deutlich zu verneinen, wenn man das eben erschienene Buch «Sonderpädagogische Förderung gemeinsam planen» vor sich hat. Es beginnt mit einer überzeugenden, gut verständlichen Begründung, weshalb Förderplanung von Kindern und Jugendlichen mit Beeinträchtigungen nicht dem Zufall überlassen werden darf. Im Folgenden werden verschiedene konkrete Umsetzungsformen der Förderplanung aufgezeigt. Diese Darstellungen erfolgen entlang einer einheitlichen Struktur (Anwendungsbereich | Theoretischer Hintergrund | Struktur und Aufbau des Instruments | Technische Hinweise zum Instrument), was sich als hilfreich erweist und Vergleiche der Unterschiede, Stärken und Grenzen der Verfahren ermöglicht. Das Buch schließt mit Konsequenzen und Erfordernissen für die Aus- und Weiterbildung.

Diese Publikation ist ein Gemeinschaftswerk von Fachpersonen verschiedener Fachhochschulen der deutschsprachigen Schweiz. Entstanden ist ein praxisorientiertes, fachlich überzeugendes Buch, das mit Sicherheit den Status eines Standardwerks einnehmen wird.

Luder, Reto; Gschwend, Raphael; Kunz, André; Diezi-Duplain, Peter (Hrsg.) (2011). Sonderpädagogische Förderung gemeinsam planen. Grundlagen, Modelle und Instrumente für eine interdisziplinäre Praxis. Zürich: Verlag Pastalozzianum an der Pädagogischen Hochschule Zürich (157 S.).

[36] Download als Podcast (mp3-Datei): http://peterlienhard.ch/download/kontext_201111111002_10200320.mp3

Formulare für das Verfahren «Schulische Standortgespräche» wurden aktualisiert

2. September 2011, 10:41

Das «Schulische Standortgespräch» ist ein inzwischen weit verbreitetes Verfahren für eine strukturierte, effiziente und ICF-basierte Standortbestimmung im Bereich der Allgemeinen Schule und der Förder- resp. Sonderschulen. Die Bildungsdirektion des Kantons Zürich hat die Formulare für das Verfahren «Schulische Standortgespräche» (SSG) neu aufgelegt und online gestellt. Sie sind kostenlos als einzelne pdf-Dokumente auf der Homepage des Zürcher Volksschulamts (VSA) herunterladbar.[37]

Weil etliche Formulare in zehn Sprachen zur Verfügung stehen, ergeben sich gegen hundert Einzeldateien. Ich habe alle heruntergeladen und in einem handlichen und gut organisierten zip-Ordner zusammengefasst.[38]

Die Formulare sehen nach wie vor gleich aus. Inhaltlich wurden nur kleine begriffliche Optimierungen vorgenommen. Neu sind die Formulare durchnummeriert: Hauptorientierung Primar-Sek ⇒ Formular Nr. 1; Hauptorientierung Kindergarten ⇒ Formular Nr. 2; Hauptorientierung: Grundstufe ⇒ Formular Nr. 3; so genanntes «Basisformular», das für Kinder und Jugendliche mit erheblichen kognitiven Beeinträchtigungen verwendet werden kann, wenn die übrigen Formulare einen zu hohen Kompetenzgrad ansprechen ⇒ Formular Nr. 4 (dieses Formular ist eine Neuentwicklung).

Das VSA hat sich für Nummern entschieden, weil auf diese Weise z.B. das Grundstufenformular bei einem Schüler mit geistiger Behinderung in der 4. Klasse angewendet werden kann, ohne dass unten am Blatt «Vorbereitungsformular Grundstufe» steht . . . es ist nun einfach mit «Volksschule 3» bezeichnet.

Zusätzlich wurden neu auch Formulare für den Frühbereich entwickelt. Diese sollen von der Fachperson für Heilpädagogische Früherziehung dann zur Anwendung kommen, wenn der Eintritt ins obligatorische Bildungssystem (Kindergarten oder Eingangsstufe) ansteht.

---

[37] http://www.vsa.zh.ch/internet/bildungsdirektion/vsa/de/schulbetrieb_und_unterricht/sonderpaedagogisches0/zuweisungsverfahren.html

[38] Download (zip-Ordner): http://peterlienhard.ch/download/SSG_2011.zip

Standardisiertes Abklärungsverfahren liegt in der Endversion vor

17. April 2011, 09:47

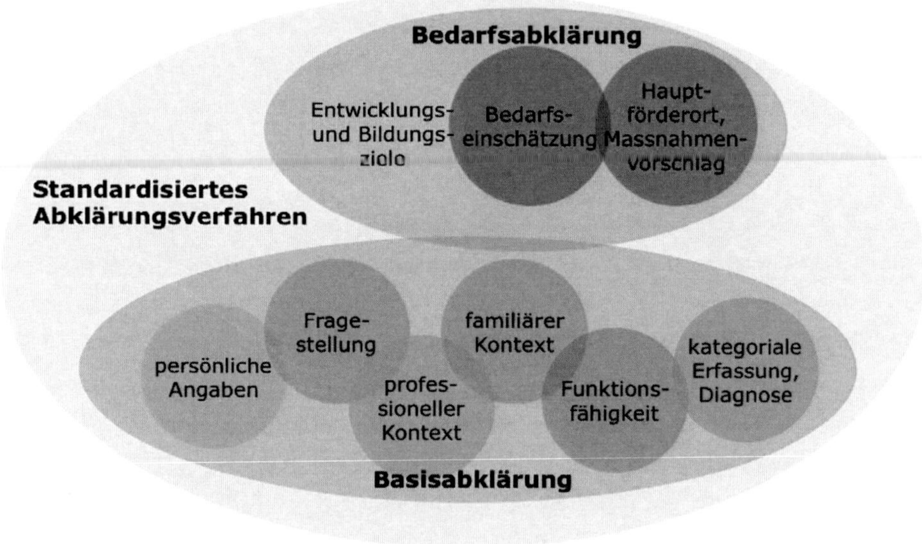

In der Schweiz hat sich die Invalidenversicherung (IV) aus der Sonderschulfinanzierung zurückgezogen. Neu sind die Kantone für die Bildung aller Kinder und Jugendlicher – ob ohne oder mit Beeinträchtigungen – verantwortlich. Zur Unterstützung der Feststellung des individuellen Bedarfs wurde von der Konferenz der kantonalen Erziehungsdirektorinnen und Erziehungsdirektoren (EDK) die Ausarbeitung eines «Standardisierten Abklärungsverfahrens» (SAV) in Auftrag gegeben. Inzwischen liegt das SAV-Dossier, datiert vom 16. April 2011, in der Endversion vor.[39]

---

[39] Download des Dossiers in deutscher Sprache als pdf-Datei: http://peterlienhard.ch/download/EDK-SAV-Endversion-16-04-2011.pdf
Link zur Projekt-Homepage: http://www.sav-pes.ch/
Weitere Informationen zum Standardisierten Abklärungsverfahren: http://peterlienhard.ch → links «Standardisiertes Abklärungsverfahren» anklicken

Standortgespräche unter Einbezug jüngerer Schülerinnen und Schüler

1. Oktober 2010, 09:37

Bei Standortgesprächen stellt sich immer die Frage, ob (und falls ja, ab welchem Alter) die Schülerin oder der Schüler selbst teilnehmen soll. Nicht selten wird davon abgesehen, weil die Gesprächsform «über den Kopf des Kindes hinweg» gestaltet wird.

Innovative Grundstufenlehrpersonen haben ein Verfahren entwickelt, um Standortgespräche mit Kindern ab dem Alter von rund sechs Jahren durchführen zu können. In der Zeitschrift «4bis8» ist ein entsprechender Artikel zu finden (Ausgabe Oktober 2010, Autorenteam R. Beck, K. Grundkötter, P. Lienhard, H. Schelbert: «Damit alle vom Gleichen reden»).[40] Die Materialien sind auf das im Kanton Zürich entwickelte Verfahren «Schulische Standortgespräche» abgestimmt.

Hilfsmaterialien zu diesen Gesprächen werden von den Entwicklerinnen und Entwicklern – besonders zu erwähnen sind Klaus Grundkötter [Text] und Christine Betschon [Bilder] – kostenlos zur Verfügung gestellt.[41]

Schulische Standortgespräche für alle Schüler/innen einer Klasse?

30. September 2010, 06:42

Das Verfahren «Schulische Standortgespräche» wurde an der Volksschule des Kantons Zürich verbindlich eingeführt.[42] Es kommt immer dann zum Zug, wenn

– aus irgend einem Grund Bedarf nach einem strukturierten, vertieften Gespräch besteht,

[40] Download des Artikels als pdf-Datei: http://peterlienhard.ch/download/2010_10_4-8_ssg_icf_rb_kg_pl_hs.pdf

[41] Materialien, Informationen und erläuternde Präsentationen sind hier zu finden: http://peterlienhard.ch → links «Schulische Standortgespräche» anklicken

[42] Download der Handreichung des Volksschulamts der Bildungsdirektion des Kantons Zürich als pdf-Datei: http://peterlienhard.ch/blog_/2007_handreichung_schulische_standortgespraeche.pdf

– bei einer Schülerin oder einem Schüler ein besonderer Förderbedarf geprüft werden soll
– oder wenn bereits eine sonderpädagogische Maßnahme durchgeführt wird.

Einige Schulen überlegen sich, ob das Verfahren in einer allenfalls leicht veränderter Form auch für jährliche Standortgespräche mit *allen* Schülerinnen und Schülern angewendet werden könnte ... aus der Überlegung heraus, dass es eigentlich alle Kinder und Jugendlichen verdient haben, wenn man einmal pro Jahr ein individuumsbezogenes, zielorientiertes Gespräch durchführt. Hier stellt sich die Frage, ob leicht angepasste Protokollformulare sinnvoll wären. Aus diesem Grund habe ich den Vorschlag eines vereinfachten Protokollformulars entwickelt.[43] Es kann bei dieser Anwendungsform des Schulischen Standortgesprächs die zweite und dritte reguläre Protokollseite ersetzen.

Standardisiertes Abklärungsverfahren für die Ermittlung des individuellen Bedarfs verabschiedet

5. Juli 2010, 13:17

In der Schweiz hat sich die Invalidenversicherung (IV) aus der Sonderschulfinanzierung zurückgezogen. Neu sind die Kantone für die Bildung aller Kinder und Jugendlicher – ob ohne oder mit Beeinträchtigung – verantwortlich. Unter den Regelungen der IV musste ein schädigungsbezogenes Kriterium nachgewiesen werden, um Gelder für eine zusätzliche Förderung auszulösen. Dieser Fokus hatte etliche Nachteile: Ein bestimmter IQ sagt einem noch nicht, welchen Förderbedarf ein Kind hat ... und wenn eine Kind eine Beeinträchtigung hatte, zu der es kein IV-Kriterium gab, hatte es entweder Pech – oder man musste im diagnostischen Prozess irgend ein IV-Kriterium «hinbiegen».

In den vergangenen Jahren wurde im Rahmen eines breit abgestützten, nationalen Projekts ein «Standardisiertes Abklärungsverfahren für die Ermittlung

[43] Download des vereinfachten Protokollformulars als Word-Datei: http://peterlienhard.ch/blog_/091202_ssg_variante_kurzprotokoll.doc

des individuellen Bedarfs» entwickelt.[44] Es ermöglicht eine breitere Sicht als dies beim Nachweis der IV-Kriterien der Fall war. Die Konferenz der kantonalen Erziehungsdirektorinnen und Erziehungsdirektoren (EDK) hat das Verfahren an ihrer Plenarversammlung vom 17. Juni 2010 verabschiedet. Es wird derzeit daran gearbeitet, das Verfahren in elektronischer Form zur Verfügung zu stellen.

Das Verfahren führt selbstverständlich nicht «einfach so» zu integrativeren Lösungen. Es kann aber helfen, solche zu planen und umzusetzen, weil die frühere, recht starre Linearität (z.B.: «geistige Behinderung = Besuch einer heilpädagogischen Schule») nicht mehr zwingend gegeben ist.

[44] Weitere Informationen zum Standardisierten Abklärungsverfahren: http://peterlienhard.ch → links «Standardisiertes Abklärungsverfahren» anklicken

5. Konzeptuelle und bildungspolitische Perspektiven der schulischen Integration

Klein und innovativ: Liechtenstein präsentiert «Gesamtkonzept Fördermaßnahmen»

18. November 2012, 17:44

Wissen Sie, wie sich das pädagogische und sonderpädagogische Angebot im Fürstentum Liechtenstein präsentiert? Nein? Dann sind Sie nicht allein.[45]

Weitgehend unbeachtet von einer breiteren Öffentlichkeit wurden im Fürstentum Liechtenstein viele wichtige Entwicklungen im Bildungswesen früh, professionell und konsequent angegangen: Seit mehr als 20 Jahren gilt in der Regelschule das Prinzip der integrativen Förderung; in einzelnen Gemeinden wurden die Basisstufe, weitere altersdurchmischte Schulmodelle und Tagesschulen eingeführt; sonderpädagogische Maßnahme einschließlich Begabtenförderung stehen den Regelschulen im Rahmen eines Kontingents zur Verfügung; die Zuweisung zu verstärkten Maßnahmen erfolgt entlang des «Standardisierten Abklärungsverfahrens» ... um nur einige Punkte zu nennen.

Die Pädagogische Arbeitsstelle des Schulamts stellt nun alle diese Entwicklungen im Gesamtkonzept «Fördermaßnahmen im liechtensteinischen Bildungswesen»[46] dar. Was gefällt mir an diesem Konzept besonders? Es ist schlank gehalten und sehr verständlich geschrieben. Wer sich in eine be-

[45] Link zur Homepage des Schulamtes im Fürstentum Liechtenstein: http://www.sa.llv.li
[46] Download des Gesamtkonzepts: http://www.llv.li/amtsstellen/llv-sa-amtsgeschaefte-schuleintritt_uebertritte_schulaustritt_dispensen/llv-sa-amtsgeschaefte-foerderangebot-2/llv-sa-amtsgeschaefte-gesamtkonzept_foerdermassnahmen.htm

stimmte Thematik vertiefen will, wird auf die entsprechenden Dokumente verwiesen. Hilfreich ist die Orientierung nach Farben (siehe Puzzleteile auf dem Bild), so dass die einzelnen Maßnahmen textlich jederzeit dem entsprechenden Bereich zugeordnet werden können. Und schließlich gefällt mir, dass die Terminologie konsequent dem Sonderpädagogik-Konkordat der EDK folgt – obwohl das Fürstentum Liechtenstein (noch) nicht beigetreten ist.

Selbstverständlich: Auch im Ländle kocht man nur mit Wasser. Aber man tut es professionell: Im Fürstentum Liechtenstein sind verschiedene Entwicklungen bereits etabliert, die in verschiedenen Kantonen noch veritable Baustellen sind. Ein Blick dieser Kantone über den östlichen Rhein könnte sich deshalb lohnen.

Zweimal Ja für die Grundstufe

20. Oktober 2012, 14:15

In der Grundstufe sind die beiden Kindergartenjahre und die 1. Klasse zusammengefasst. Im Kanton Zürich haben sich 27 Schulgemeinden mit 87 Klassen entschlossen, dieses Schulmodell einzuführen.

Die Vorteile der Grundstufe liegen auf der Hand: In der altersdurchmischten Lerngruppe kann viel besser auf die unterschiedlichen Lerntempi der Kinder eingegangen werden. Eine breit durchgeführte Evaluation hat auch bestätigt, dass viel weniger Schüler/innen wegen Lernproblemen ausgesondert werden müssen – vor allem, weil die bisherige starre Schwelle zwischen Kindergarten und erster Klasse flexibler gehandhabt werden kann. Rasche Lerner können die Grundstufe in zwei Jahren durchlaufen. Wenn ein Kind mehr Zeit braucht, durchläuft es die Grundstufe in vier Jahren. Einschulungsklassen werden mit diesem Modell überflüssig. Die Grundstufe ist kindgerecht und integrativ.

Im Kanton Zürich wird am 25. November 2012 über zwei Vorlagen abgestimmt, welche die Grundstufe betreffen: Die «pRiMa-initiative»[47] sieht eine flächendeckende Einführung dieses Modells vor. Ein regierungsrätlicher Gegenvorschlag will den Gemeinden die Wahl zwischen Kindergarten/1. Klasse und Grundstufe lassen.

---

[47] Homepage der «pRiMa-Initiative»: http://www.primainitiative.ch/icc.asp?

Es spricht für sich: Kaum eine Grundstufen-Gemeinde will diese Schulform wieder aufgeben. Es handelt sich offensichtlich um ein Erfolgsmodell. Das möchte eine Vereinigung unter der Bezeichnung «Offenes Schulforum kindgerechte Schule» nicht wahrhaben. Ein Zitat aus dem «großen Argumentarium», das auf ihrer Homepage heruntergeladen werden kann: *«Die Kinder [in der Grundstufe] sitzen hauptsächlich am Tisch und arbeiten nach Vorlagen. Die reiche Spielumgebung ist ein Schulzimmer mit Gestellen voll von Ordnern und Förderspielen. Das gemütvolle, kindgemäße Erzählen mit unterschiedlichen Materialien wird zur Anweisung um Aufgaben auszuführen. Rituale haben keinen Platz mehr. Das selbst bestimmte Spiel und ein reichhaltiges Bewegungsangebot existiert nicht mehr.»* Alle, die schon Einblick in eine Grundstufe genommen haben, entlarven diese Äußerungen als hilflose Unterstellung ohne Realitätsbezug. Ich empfinde dieses Argumentationspapier als ärgerlich und unfair.

Wer sich selbst ein Bild über die Arbeit in der Grundstufe machen will, kann über die Homepage der pRiMa-Initiative einen Schulbesuch in einer Grundstufe in Wetzikon, Winterthur oder der Stadt Zürich vereinbaren.

(Nachträgliche Anmerkung des Autors: Leider hat das Volk des Kantons Zürich sowohl die pRiMa-Initiative als auch den regierungsrätlichen Gegenvorschlag abgelehnt. Dies bedeutet, dass sämtliche Grundstufen im Kanton Zürich aufgehoben werden müssen. Ein herber Schlag für die vielen engagierten Teams und die zufriedenen Eltern und Kinder.)

Bundesgerichtsentscheid stützt Wunsch nach Sonderschulinternat nicht

23. Mai 2012, 07:32

Der Bundesgerichtsentscheid «2C-971/2011»[48] lässt aufhorchen: Er stützt den Entscheid des Kantons Schwyz, im Falle eines Sekundarschülers mit einer zentral-auditiven Wahrnehmungsstörung dem Wunsch der Eltern nach Schulung in einem Sonderschulinternat *nicht* nachzukommen – trotz unter-

[48] Download des Bundegerichtsentscheides: http://peterlienhard.ch/download/2011_BGE_2C_971_2011.pdf

stützendem Gutachten des kantonalen schulpsychologischen Dienstes.[49] Interessant sind die Begründungen im ausführlichen Bundesgerichtsentscheid (ich beschränke mich auf einige wenige Aspekte):

- Die Vorgaben des Schweizerischen Behindertengleichstellungsgesetzes und des Sonderpädagogischen Konzepts des Kantons Schwyz, dass integrative Lösungen wenn immer möglich Vorrang vor separativen Schulungsformen haben sollen, wird stark gewichtet.
- Es besteht für alle Schülerinnen und Schüler (ob behindert oder nicht behindert, ob im Rahmen einer Regel- oder Sonderschule) grundsätzlich kein Recht auf eine *optimale,* sondern lediglich auf eine *angemessene* Schulung. Das bedeutet unter anderem, dass Kinder und Jugendliche keine schulische Bevorzugung erhalten dürfen, die aufgrund ihrer Beeinträchtigungen nicht ausreichend begründbar und nachvollziehbar ist (z.B. individuellere Schulung in kleiner Klasse oder umfassende Betreuung in einem Internat).
- Der deutliche Kostenunterschied zwischen einer integrativen Förderung und einer Förderung im Rahmen eines Sonderschulinternats wird in die Erwägungen mit einbezogen.

Dieser Entscheid löst bei mir zweierlei Intentionen aus: Einerseits freue ich mich darüber, dass der gesetzlich vorgegebene Vorrang integrativer Lösungen offenbar mehr als eine Worthülse ist. Vielmehr handelt es sich um eine Verpflichtung für alle Beteiligten. Andererseits könnte das Bundesgerichtsurteil dazu verleiten, einzelnen Schülerinnen und Schülern mit bildungsrelevanten Beeinträchtigungen das Recht auf eine spezifische sonderpädagogische Unterstützung (ob im Rahmen einer Regel- oder Sonderschule) zu verwehren, weil hinter einer vordergründigen Normalisierungs- und Integrationsargumentation nüchtern-dominante Sparüberlegungen stehen. Betroffen wären vor allem Schülerinnen und Schüler, die über wenig Lobby (von Elternseite, von Seiten von Behindertenverbänden, von Seiten der Gesellschaft) verfügen.

Es ist wichtig, dass der Fokus nicht bloß auf einzelne Behinderungsmerkmale gesetzt wird («ein Kind mit der Behinderung X hat die Maßnahmen Y zugu-

[49] Online-Beitrag Neue Zürcher Zeitung vom 22. Mai 2013: http://www.nzz.ch/aktuell/schweiz/behinderte-kinder-in-volksschule-integrieren_1.16981063

te»). Wichtig ist die Fokussierung auf die Entwicklungs- und Bildungsziele: Was soll überhaupt erreicht werden mit der angestrebten Maßnahme? Welches Setting bietet den sinnvolleren Rahmen für die Entwicklung, Bildung und Integration des betreffenden Menschen? Aufgrund einer gut belegten Zieldefinition lässt sich unter allen Beteiligten – bis hin auf juristischer Ebene – klarer argumentieren und einschätzen, welche Schulungsform und welche Unterstützungsmaßnahmen als angemessen und fair zu betrachten sind.

«Rezeptbuch schulische Integration»: In 15 Monaten bereits viermal nachgedruckt

22. Mai 2012, 07:02

Erfreulich: Nachdem das «Rezeptbuch schulische Integration»[50] im März 2011 erschienen ist, musste es schon viermal nachgedruckt werden. Einige Korrekturen an Text und Layout konnten bei dieser Gelegenheit vollzogen werden.

Dieses praxisorientierte Buch wurde von einem Autorenteam (Peter Lienhard, Klaus Joller und Belinda Mettauer) verfasst und spricht vor allem Lehrpersonen und Schulleitungen der Regelschule an, aber auch Eltern, Fachpersonen der Sonderpädagogik und angrenzender Gebiete sowie Studierende. Es hat einen Umfang von 189 Seiten und beinhaltet 41 Ab-

[50] Flyer: http://peterlienhard.ch/download/flyer_rezeptbuch_schulische_integration.pdf
Inhaltsverzeichnis und Vorwort: http://peterlienhard.ch/download/rezeptbuch_schulische_integration.pdf
Rezension: http://peterlienhard.ch/download/2011_05_rezension_rezeptbuch_bildung_schweiz.pdf

bildungen sowie 11 Tabellen. Aus dem Inhalt:

- Gemeinsames Lernen als Ziel (ein Blick auf die gegenwärtige Realität der Volksschule, rechtliche und ethische Grundlagen, wissenschaftliche Erkenntnisse zu den Wirkungen der schulischen Integration)
- Integrative Schulen machen guten Unterricht (Merkmale eines Unterrichts, der sowohl Schülerinnen und Schülern ohne als auch mit Beeinträchtigungen entgegenkommt)
- Förderdiagnostik und Förderplanung (mit dem Vorschlag eines übersichtlichen Förderplanungszyklus und konkreten Beispielen für eine effiziente und koordinierte Umsetzung)
- So kann schulische Integration gelingen (mit Hinweisen, wie eine Schule auf dem Weg hin zu einer integrativeren Schule vorgehen und ihre Qualität selbst überprüfen kann)
- Kurzbeschriebe von empfehlenswerten Büchern, Materialien und Medien

Zwischen den Kapiteln sind Praxisbeispiele aus integrativen Schulen aus der Deutschland, der Schweiz, Italien, Schweden, Israel und Neuseeland zu finden. Sie zeigen pragmatische und oft verblüffend einfache Wege auf, wie die Schule integrativer gestaltet werden kann.

Langzeitwirkungen der schulischen Integration

26. April 2012, 14:30

Eine bestmögliche soziale und berufliche Integration ist das erklärte Ziel sämtlicher pädagogischer und sonderpädagogischer Bemühungen. Eine wichtige Frage ist allerdings, in welchem Setting dieses Ziel eher erreicht werden kann.

Michael Eckhard und andere haben in einer aufwändigen Langzeitstudie Personen untersucht, die (mit vergleichbaren Merkmalen) entweder eine Regelklasse oder eine Sonder- resp. Kleinklasse besucht haben. Die gleichen Personen wurden zunächst als Schüler/in zu verschiedenen Zeitpunkten untersucht und später dann als junge Erwachsene befragt.

Die wichtigsten Erkenntnisse: Integriert beschulte, potenzielle Kleinklassenschülerinnen und -schüler haben im jungen Erwachsenenalter tendenziell

- einen höheren beruflichen resp. schulischen Abschluss erreicht,
- einen stabileren Berufsfindungsweg mit weniger Wechseln und Abbrüchen hinter sich,
- einen höheren Selbstwert und ein leicht höheres Vertrauen in die eigenen Fähigkeiten,
- ein deutlich breiteres soziales Netzwerk sowie
- eine positivere, weniger ausgrenzende Einstellung Migrantinnen und Migranten gegenüber.

Das Studiendesign und die detaillierten Resultate sind in der folgenden Publikation nachzulesen: Eckhard, Michael; Haeberlin, Urs; Sahli Lozano, Caroline; Blanc, Philippe (2011). Langzeitwirkungen der schulischen Integration. Bern: Haupt

Klassenassistenzen stärken die integrative Schule

20. April 2012, 08:55

In Sonderschulen sind sie seit Jahrzehnten ein fester Bestandteil: Klassenassistenzen, Schulhilfen, Pädagogische Mitarbeiter/innen, Zivildienstleistende. In Regelschulen (je nach Sprachgebrauch auch als «Allgemeine Schulen» bezeichnet) taucht diese Personalkategorie immer häufiger auf – meist aufgrund bestimmter Drucksituationen. Entsprechend ist die konzeptuelle Verankerung oftmals dürftig. Teilweise herrscht auch berufspolitische Skepsis: Die Befürchtung wird laut, dass mit dem Einsatz von Schulassistenzen Fachpersonal weggespart wird.

Ein Blick in Schulen vieler Länder hat mir gezeigt, dass die integrative Schule durch Assistenzpersonen klar gestärkt und tragfähiger gemacht werden kann. Es braucht aber konzeptuelle Leitplanken (namentlich die Klärung der pädagogischen Gesamtverantwortung für eine Klasse oder auch für einzelne Kinder). Und: Je nach Zusammensetzung und pädagogischem Bedarf einer Klasse sollte entschieden werden, welche Kompetenzen neben der Klassenlehrperson nötig sind, um eine gute Förderung aller Schülerinnen und Schüler zu erreichen (Assistenz? zusätzliche Regellehrperson? verstärkter Einsatz der Fachperson in Schulischer Heilpädagogik?). Dabei müssen Schwerpunkte gesetzt werden, damit die Anzahl Bezugspersonen pro Klasse möglichst gering bleibt.

So weit wie organisatorisch möglich soll jede Berufsgruppe so tätig sein können, dass es für den gemeinsamen pädagogischen Auftrag in der betreffenden Klasse oder Schule Sinn macht (Assistenzpersonen darf keine alleinige Förderverantwortung übertragen werden; Fachpersonen in Schulischer Heilpädagogik sollen nicht als Hilfslehrpersonen eingesetzt werden). Nur so kann ein weiteres, wichtiges Ziel erreicht werden: Mit den begrenzten finanziellen Mitteln wird die größtmögliche Wirkung erzielt.

Im Schulblatt des Kantons Zürich (2/2012) ist ein lesenswerter Beitrag zum Thema erschienen: Die Schule Rorbas-Freienstein berichtet über ihre Erfahrungen mit der Einführung von Schulassistenzen.[51]

Die Neuen Zürcher Zeitung berichtet am 13. April 2012 über die Erfahrungen der Sekundarschule Petermoos in Buchs ZH mit Klassenassistenzen.[52]

Erfolgreiche gymnasiale Förderung von Jugendlichen mit Migrationshintergrund

14. April 2012, 13:28

Für das Gymnasium Unterstrass[53] war im April 2012 der Freitag der 13. kein Unglückstag. Vielmehr gab es etwas zu feiern: Die vierte Generation von ChagALL-Jugendlichen konnte aufgenommen werden. Zudem konnte die an der Feier anwesende Bildungsdirektorin Regine Aeppli bestätigen, dass der Kanton Zürich dieses erfolgreiche Projekt ab sofort maßgeblich mitfinanziert.

Worum geht es? ChagALL steht für «Chancengerechtigkeit durch Arbeit an der Lernlaufbahn».[54] Begabte Jugendliche mit Migrationshintergrund, die

[51] pdf-Datei: http://peterlienhard.ch/download/2012_nr2_schulblatt_zh_assistenzen.pdf
[52] pdf-Datei: http://peterlienhard.ch/download/120413_nzz_klassenassistenz.pdf
[53] Homepage des Gymnasiums Unterstrass, Zürich: http://www.unterstrass.edu
[54] Nähere Informationen zum Programm ChagALL:
http://www.unterstrass.edu/projekte/chagall
Radiobeitrag vom 13.04.2012, in Schweizer Mundart:
http://www.drs1.ch/www/de/drs1/nachrichten/regional/zuerich-schaffhausen/334099.dank-foerderung-ins-gymnasium.html
Presseartikel (pdf-Dateien): http://peterlienhard.ch/download/120414_nzz_chagall.pdf sowie http://peterlienhard.ch/download/120414_ta_chagall.pdf

nicht auf die Unterstützung eines bildungsnahen Elternhauses zählen können, werden während der Sekundarschulzeit gezielt auf den Gymnasiumseintritt hin unterstützt. Für die Jugendlichen bedeutet dies einen gewaltigen Zusatzaufwand: Jeden Mittwochnachmittag und etliche Samstage haben sie zusätzlich die Schulbank zu drücken. Erfreulich viel schaffen jedoch den Übertritt ins Gymnasium – und die Mehrheit von ihnen bleibt auch da.

Dieses Modell müsste vermehrt Schule machen. Wir können und dürfen es uns nicht leisten, das Potential von motivierten Jugendlichen mit Migrationshintergrund brach liegen zu lassen.

Der Beitrag des Kantons deckt nicht alle Kosten dieses Unterstützungsprojekts. Zuwendungen an dieses Programm sind jederzeit hoch willkommen.[55]

Moralische Einstellungen von Schülerinnen und Schülern zur schulischen Integration

13. März 2012, 16:05

Forscherinnen und Forscher der Pädagogischen Hochschule Zentralschweiz (PHZ) haben sich einer interessanten Frage angenommen. Ausgehend von der Tatsache, dass immer mehr Kinder und Jugendliche mit einer Behinderung integrativ in einer Regelschule unterrichtet werden, erforschten sie die Entwicklung sozialer und moralischer Kompetenzen bezüglich dieses Themenkreises. Befragt wurden 463 Kindern vom Kindergarten bis zur 6. Klasse. Die Forschungsresultate zeigen keine eindeutigen Effekte von Schülerinnen und Schüler von Klassen, in denen Einzel- oder Gruppenintegrationen realisiert wurden. Generell scheint bei allen Kindern ein gewisser Pragmatismus zu spielen – eine realitätsbezogene und wenig dogmatische Sichtweise.

Ein solcher Pragmatismus wäre auch auf Erwachsenenebene wunschbar: Die Kräfte sollten nicht ausschließlich im «Ob» verpuffen, sondern sich (in welchem Setting auch immer) auf das «Wie» konzentrieren ... und damit auf die Lösung konkreter Problemstellungen, die in jeder herausfordernden Schulsituation auftreten.

---

[55] Angaben für finanzielle Zuwendungen zu diesem Programm: http://www.unterstrass.edu/spenden

In einem Beitrag in der Neuen Zürcher Zeitung vom 12. März 2012 wird unter anderem diese Studie verwiesen.[56]

Kanton Zürich erlässt Sonderschulkonzept

27. Januar 2012, 11:02

Im November 2009 schickte die Bildungsdirektion ein umfassendes sonderpädagogisches Konzept in die Vernehmlassung. Aus verschiedenen Gründen fielen die Vernehmlassungsantworten kritisch aus, so dass die Bildungsdirektion diesen Konzeptvorschlag beerdigte.[57]

Aufgrund des Rückzugs der Schweizerischen Invalidenversicherung (IV) aus der Sonderschulfinanzierung braucht aber jeder Kanton ein genehmigtes Sonderschulkonzept, weil er sonst die IV-Regelungen weiterführen müsste. Das würde etliche Entwicklungen bremsen oder gar verunmöglichen. Die Bildungsdirektion des Kantons Zürich hat sich nun entschlossen, ein sehr knappes Konzept vorzulegen – aus der Überlegung heraus, dass die notwendigen Regelungen auf den Ebenen Gesetz und Verordnungen bereits bestehen.

Das neue Konzept umfasst lediglich vier Seiten – 51 Seiten weniger als der Vernehmlassungsentwurf 2009 – und wurde am 21. Dezember 2011 von der Bildungsdirektion verfügt.[58] Es konzentriert sich auf die wichtigsten Angaben mit Verweisen zum Volksschulgesetz und den dazugehörigen Verordnungen

- zum Angebot der Sonderschulung,
- zu Bewilligungskriterien von Sonderschuleinrichtungen,
- zum Zuweisungsverfahren,
- zum Vorrang integrativer Lösungen
- sowie zur Finanzierung.

---

[56] http://peterlienhard.ch/download/2012_03_12_NZZ_schulische_integration.pdf
[57] Download der Vernehmlassungsversion 2009:
http://peterlienhard.ch/download/2009_zh.pdf
[58] Download des neuen Sonderschulkonzepts 2012:
http://peterlienhard.ch/download/20122701_volksschule_sonderschulkonzept.pdf

Internetportal «Integration und Schule» ist online

31. August 2011, 06:56

Informationen zu schulischer Integration gibt es zuhauf. Die Schwierigkeit besteht oft darin, in dieser Fülle rasch zu den relevanten Informationen zu kommen. Hier kann das neue Internetportal «Integration und Schule»[59]. Es wurde unter Mitwirkung verschiedener schweizerischer Organisationen[60] und Institutionen entwickelt. Initiiert wurde diese Internetplattform von pro infirmis und insieme.

Das Internetportal richtet sich sowohl an Eltern eines Kindes mit Behinderung als auch an Lehrpersonen, Schulleitende und Behördenmitglieder aus allen Sprachregionen der Schweiz (deutsch, französisch und italienisch). Übersichtlich sind gesetzliche Grundlagen, Angaben zum Frühbereich, zum Schulbereich sowie zum nachschulischen Bereich zu finden. Weil die Bildung in der Schweiz kantonal organisiert ist, sind Detailinformationen auf kantonsspezifischen Seiten zugänglich gemacht.

Das Portal ist seit Anfang September 2011 aufgeschaltet. Selbstverständlich werden die Seiten fortwährend aktualisiert. Es lohnt sich also, das Internetportal «Integration und Schule» regelmäßig zu besuchen.

Menschliche Eizellen auf eine Behinderung hin untersuchen und allenfalls zerstören – darf man das?

30. Juni 2011, 18:41

Ich mag die Art und Weise, wie der Moderator Frank Plasberg in seiner Sendung «hart aber fair» Themen aufgreift und diskutiert. In der Sendung vom 29.06.2011 geht es um die Frage, ob die Präimplantationsdiagnostik (PID) mehr Segen oder Fluch sei. Eine spannend zusammengesetzte Runde (Gesundheitspolitikerin, Arzt, Kirchenvertreter, betroffene Mutter sowie Guildo Horn, Musiker und Diplompädagoge [Bild]) diskutiert das Thema engagiert und zuweilen sehr emotional. Viele Fragen, die uns umtreiben mögen, kom-

[59] http://www.integration-und-schule.ch
[60] Auflistung der beteiligten Institutionen und Organisationen: http://www.integrationundschule.ch/?page_id=12

men auf den Tisch: Ist ein mikroskopisch kleiner Zellhaufen bereits als menschliches Wesen zu betrachten? Führt die PID zu einem Dammbruch hin zum «Designerbaby nach Wunsch»? Werden Eltern, die keine pränatale Diagnostik durchführen möchten, gesellschaftlich geächtet («das hätte man nun wirklich verhindern können»)? Warum ist PID in etlichen Ländern verboten, die Abtreibung von monatealten Föten mit einer Behinderung jedoch erlaubt?

Man kann sich die rund 75 minütige Sendung als Webstrem (Video) anschauen oder als Poscast (Audio) herunterladen.[61]

Was sagen Oelkers, Schlüer und andere zum Thema schulische Integration?

17. Juni 2011, 08:26

Schulische Integration ist ein Thema, das auf unzähligen Ebenen (pädagogisch, ethisch, politisch, finanziell, organisatorisch ...) Fragen aufwirft. Barbara Heuberger, Redaktorin bei der Zeitschrift «Kidy *swissfamily*» hat verschiedene Leute angefragt, eine persönliche Stellungnahme abzugeben:

- Katrin Meier, Präsidentin VPOD Lehrberufe
- Jürgen Oelkers, Professor für Allgemeine Pädagogik, Universität Zürich
- Peter Lienhard, Dozent an der Interkantonalen Hochschule für Heilpädagogik, Zürich
- Gérard Bless, Professor für Heilpädagogik, Universität Fribourg
- Heinz Bäbler, Präsident Schule und Elternhaus Schweiz
- Ulrich Schlüer, SVP-Nationalrat, Kanton Zürich

Dank der Knappheit der Stellungnahmen werden die unterschiedlichen Argumente / Gewichtungen / Haltungen gut nachvollziehbar auf den Punkt gebracht. Dadurch können sie vielleicht anregen, die eigene Postition zu reflektieren und zu schärfen (Zeitschrift «Kidy *swissfamily*», Juni 2011, S. 22-27).[62]

[61] Link zum Webstream: http://www.wdr.de/themen/global/webmedia/webtv/getwebtv.phtml?p=4&b=301
Download als Audio-Podcast (Vorsicht: sehr grosse Datei, 73 MB):
http://www.wdr.de/podcast/hartaberfair/wdr_hart_aber_fair_20110629.mp3

[62] Download des Beitrags als pdf-Datei:
http://peterlienhard.ch/download/2011_06_swissfamily_integrative_schulung.pdf

Die Angst der Schweiz vor der Behindertenkonvention der UNO

22. Mai 2011, 13:08

Rund 50 Staaten haben bisher die Behindertenkonvention der UNO ratifiziert. Die Schweiz ist nicht unter ihnen – und sie tut sich ungeheuer schwer mit diesem Entscheid. In einem Tages-Anzeiger-Artikel vom 14. Mai 2011[63] ist unter anderem von der Angst der bürgerlichen Parteien die Rede, «(...) dass alle Kinder in der Regelschule integriert werden müssten.» Dass eine Unterzeichnung der Konvention keinen Zwang zur «totalen Inklusion» bedeutet, zeigt ein juristisches Gutachten[64] der Universität Bern auf. Aber: Eine Ratifizierung der Konvention würde den Weg ebnen, die Regelschule klarer und deutlicher in Richtung einer tragfähigeren, integrativeren Schule zu entwickeln. Unsere Volksschule braucht diesen Schub, um die entsprechenden Ressourcen zu erhalten und ihre Strukturen anpassen zu können. Die Konvention würde den Kantonen den Rücken stärken, mutigere Schritte zu machen – Schritte, die derzeit vielerorts aufgrund parteipolitischer Ränkespiele nicht möglich sind.

Sicherlich: Die Behindertenkonvention der UNO betrifft weit mehr Bereiche als denjenigen der obligatorischen Bildung. Sie hat generell das wichtige Ziel vor Augen, die Partizipationsmöglichkeiten von Menschen mit einer Behinderung substantiell zu verbessern. Ein weiteres Abseitsstehen der Schweiz wäre einfach beschämend.

Integrative Schule im Gegenwind

12. Februar 2011, 18:11

In einem Artikel der Neuen Zürcher Zeitung vom 12. Februar 2011[65] wird aufgezeigt, dass die Umsetzung einer integrativeren Volksschule in der Schweiz

[63] Download des Artikels als pdf-Datei:
http://peterlienhard.ch/download/110514_ta_uno_beh_konvention.pdf
[64] Download des juristischen Gutachtens als pdf-Datei:
http://peterlienhard.ch/download/2008_gutachten_uni_be_uno_beh_konvention.pdf
[65] Download des Artikels als pdf-Datei:
http://peterlienhard.ch/download/110212_nzz_grenzen_integrative_schulung.pdf

sehr unterschiedlich verläuft. Es gibt also offensichtlich erfolgreichere und ungünstigere Vorgehensweisen.

Unter anderem wird eine überaus absurde Entwicklung angesprochen, die derzeit in vielen Kantonen läuft: Etliche Kinder mit Beeinträchtigungen werden zu Sonderschülern «umetikettiert». Vor allem «geistig behinderte» Kinder schießen wie Pilze aus dem Boden. Es ist offensichtlich, aus welcher Motivation heraus dies geschieht: Jedes dieser Kinder löst Ressourcen aus, die der Regelschule zugute kommen. Das ist keine böse Absicht, sondern scheint darauf hinzuweisen, dass sich die Regelschule ohne diese Zusatzressourcen als zu wenig tragfähig einschätzt.

Es ginge auch anders: In den Grundstufenversuchen des Kantons ist grundsätzlich mehr Personal eingeplant: Über die meiste Zeit sind im Unterricht zwei Lehrpersonen anwesend. Die heilpädagogische Unterstützung erfolgt integrativ. Oft übernimmt die Fachperson in Schulischer Heilpädagogik auch die Deutschunterstützung für Fremdsprachige. So entstehen sinnvolle Pensen, die auf wenige Personen verteilt sind. Die wissenschaftliche Evaluation der Grundstufenversuche hat gezeigt, dass praktisch keine Kinder in eine Sonderklasse oder eine Sonderschule haben wechseln müssen ... und weil dieses Schulmodell offenbar genügend tragfähig ist, mussten auch kaum Kinder künstlich zu Sonderschülern gemacht werden.

Dieses Prinzip könnte auf die ganze Volksschule ausgeweitet werden. In einer längeren Übergangsphase wäre zwar mit erheblichen Mehrkosten zu rechnen, weil eine Zeitlang ein gestärktes Regelklassensystem neben dem traditionellen Sonderschulsystem bestehen würde. Mehr und mehr würden jedoch einzelne Sonderschulplätze nicht mehr benötigt und könnten schrittweise abgebaut werden – mit gutem Gewissen und ohne ideologisch motivierten Zwang.

Dass ein solches System erfolgreich funktionieren kann, konnte ich in Neuseeland an verschiedenen Schulen beobachten: In jeder Klasse mehr als eine Lehrperson, differenzierte Unterrichtsformen, altersdurchmischtes Lernen, behinderungsspezifische Unterstützung von Fachstellen, flächendeckende Integration von Schülerinnen und Schülern mit Beeinträchtigungen.

Aktuelle Studie zur schulischen Integration

31. Januar 2011, 16:59

Eine aktuelle Studie, durchgeführt von einem Forschungsteam der Universität Fribourg um Gérald Bless, hat bereits bekannte Erkenntnisse bestätigt: Schülerinnen und Schüler mit geistiger Behinderung zeigen vergleichbare schulische Fortschritte, unabhängig davon, ob sie integriert in einer Regelschule oder im Rahmen einer Sonderschule gefördert werden. Die Leseleistungen sind im integrativen Setting leicht besser. Interessant ist, dass auch Alltagskompetenzen (wie beispielsweise Körperpflege) in beiden Lernumgebungen vergleichbar ausfallen.

Die Studie – sie wurde im Auftrag der Bildungsdirektion des Kantons Zürich erstellt – wird in einem Tages-Artikel vom 30.12.2010 kurz vorgestellt. Daneben ist ein Interview mit einer 13-jährigen, integriert geschulten Schülerin mit Down-Syndrom und ihrer Mutter abgedruckt sowie ein Kommentar der für diese Beiträge verantwortlichen Journalistin.[66]

In ihrem Kommentar kommt die Journalistin zum Schluss, dass dieses Studie die unselige, zu dogmatisch geführte Integrationsdiskussion entkrampfen könnte, weil es ja offensichtlich nicht darauf ankomme, in welchem Setting ein Kind mit Beeinträchtigungen gefördert wird. Die erstgenannte Hoffnung ist zu unterstützen. Die zweitgenannte Einschätzung greift zu kurz: Bildung besteht nicht nur aus isolierten (curricularen) Leistungen. Gerade bezüglich überfachlicher Kompetenzen können integrative Förderformen oftmals anregendere Bedingungen bieten.

Bildung grundlegend neu denken – Talk von Sir Ken Robinson

20. Juli 2010, 10:50

Die Talks von Ken Robinson mögen dann und wann etwas reißerisch daherkommen ... eloquent reden ist eben häufig einfacher als das konkrete Tun ... anregend sind sie aber auf jeden Fall.

[66] Download der erwähnten Unterlagen als pdf-Datei:
http://peterlienhard.ch/download/101230_ta_studie_integration.pdf
Download von Leserbriefen, die bezogen auf diese Unterlagen verfasst wurden, als pdf-Datei: http://peterlienhard.ch/download/110104_leserbriefe_schule_und_behinderung.pdf

In diesem Talk spricht Robinson, der für seine Verdienste von der Queen zum Ritter geschlagen wurde, über Bildungsreformen. Seiner Einschätzung nach stellen sie häufiger ein Flickwerk an einem überholten System denn eine wirkliche Erneuerung dar. Er plädiert für ein grundlegendes Neudenken des Bildungssystems, eine eigentliche «Bildungsrevolution». Diese Erneuerung falle aber schwer, weil in unserer Vorstellung vielschichtig verankert ist, wie Schule zu sein habe. Es gehe darum, sich zu erlauben, vermeintlich Unveränderliches in Frage zu stellen. Machen wir diesen Schritt nicht, wird sich die Schule immer stärker von den Kindern und Jugendlichen entfernen.

Das knapp 18-minütige Video lohnt sich anzuschauen. Es ist in englischer Sprache mit deutschen Untertiteln.[67]

Sonderpädagogisches Konzept des Kantons Zürich wird nicht eingeführt

13. Juni 2010, 08:09

Die Bildungsdirektion des Kantons Zürich hat im November 2009 ein umfassendes Konzept in Vernehmlassung gegeben, das den sonderpädagogischen Bereich im Altersbereich von 0 bis 20 im Fokus hat. Die Hauptanliegen des Konzepts: Stärkung der Integrationsfähigkeit der Regelschule durch teilweise Ressourcenumlagerung aus dem Sonderschulbereich; mehr Handlungsspielraum für die Regelschulen beim Einsatz dieser Ressourcen; Wahrnehmung der von der Schweizerischen Invalidenversicherung (IV) an die Kantone übertragenen Verantwortung, das sonderpädagogische Angebot zu sichern und zu steuern.

Die Vernehmlassung hat gezeigt, dass wesentliche Elemente des Konzepts – unter anderem der Vorschlag, Sonderschulentscheidungen durch eine unabhängige kantonale Stelle überprüfen zu lassen – auf breite Ablehnung stießen. Besonders negativ waren die Reaktionen angesichts des regierungsrätlichen Auftrags, parallel mit der Verstärkung der integrativen Förderung finanzielle Einsparungen zu machen.

[67] Link zum Video: http://www.ted.com/talks/sir_ken_robinson_bring_on_the_revolution.html

An einer Medienkonferenz vom 11. Juni 2010 haben Regierungsrätin Regine Aeppli und Volksschulamtschef Martin Wendelspiess bekannt gegeben, dass auf eine Umsetzung dieses Konzepts verzichtet würde. Einzelne unbestrittene Elemente wie die Einführung eines Standardisierten Abklärungsverfahrens würden eingeführt. Versprochen wurde zudem die rasche Einführung von entlastenden und flexibilisierenden Maßnahmen zugunsten der Regelschule.[68]

Selbst wenn etliche der Einwände und Befürchtungen gut nachvollziehbar sind: Es ist schade, dass dieses Konzept keine Chance hatte. Offenbar konnte das in meinen Augen wichtigste Element – einen Teil der zunehmend aus dem Ruder laufenden Sonderschulressourcen vermehrt in der Regelschule vor Ort einzusetzen, um sie tragfähiger, flexibler und damit integrativer werden zu lassen – nicht nachvollziehbar und glaubhaft genug transportiert werden.

Viele Schulleitungen und Lehrpersonen, die hinsichtlich integrativer Schulmodelle bereits auf einem guten Weg sind, fühlen sich nun verunsichert. Für sie ist wichtig zu wissen, dass die bisher eingeführten Integrationsformen weitergeführt werden.

Kinder von 3 bis 10 lernen gemeinsam

26. März 2010, 14:15

Wir alle wissen es: Die Schwelle zwischen Vorschule und Schule ist eine künstliche. Nicht nur für Kinder mit besonderen pädagogischen Bedürfnissen bildet sie oftmals eine zu starre, hinderliche und letztlich unnötige Hürde.

Was lässt sich tun? Die Grund- und Basisstufenversuche in verschiedenen Kantonen weisen in die richtige Richtung. Ein ebenso innovativer Weg wird im deutschen Bundesland Baden-Württemberg mit den «Bildungshäusern 3 bis 10» beschritten: Kindertagesstätten im Vorschulbereich kooperieren mit Grundschulen. Beide bilden konsequent altersdurchmischte Gruppen und pflegen offene Lernformen. Zu bestimmten Zeiten lernen die Vorschul- und

[68] Medienmitteilung (pdf-Datei):
http://peterlienhard.ch/download/100611_medienmitteilung.pdf
NZZ-Artikel vom 12.11.2010 betreffend «Wie weiter nach dem Rückzug des Konzepts» (pdf-Datei): http://peterlienhard.ch/blog/101112_podium_konzept_zh_wie_weiter.pdf

die Schulkinder gemeinsam. Durchlässigkeit ist Programm. Das Projekt wird vom «Transferzentrum für Neurowissenschaften und Lernen» ZNL in Ulm wissenschaftlich begleitet (u.a. arbeitet der Hirnforscher Prof. Manfred Spitzer dort).[69]

Am 24. und 25. März 2010 wurden am ZNL erste, sehr ermutigende Evaluationsergebnisse im Rahmen einer Fachtagung präsentiert.

TV-Beitrag zum Thema «umstrittene schulische Integration von Kindern mit Behinderung»

25. Februar 2010, 11:43

In diesem knapp 10-minütigen Beitrag (Fernsehen DRS, Rundschau, 24.01.2010)[70] wird unter anderem die schulische Situation von zwei Mädchen mit Behinderung gezeigt: Eine Schülerin mit Down-Syndrom hat nach der Regelschule in eine Sonderschule gewechselt. Ein Mädchen mit hochgradiger Sehbehinderung besuchte früher eine Sonderschule und ist heute, auf ihren eigenen Wunsch, Schülerin einer 5. Regelklasse. Zu Wort kommen Eltern, Lehrpersonen, Schüler/innen sowie der Sonderschulleiter Riccardo Bonfranchi (medientechnisch inzwischen der «Allan Guggenbühl der Integrationskritik»).

Eigentlich ein recht guter Beitrag ... es ist ja auch schwierig, in knapp zehn Minuten dieses komplexe Thema angemessen darzustellen. Positiv ist, dass anhand realer Beispiele aufgezeigt wird, dass der Förderort während der Schulzeit auch wechseln kann – und dass das nicht per se schlecht sein muss.

Was mich aber stört, sind (sinngemäß) die folgenden Botschaften:

- «Integration funktioniert dann, wenn das Kind mit Behinderung – allenfalls mit Hilfsmitteln – die volle Leistung zu bringen in der Lage ist.» (... wir sind von einem differenzierenden Unterricht mit individuellen Zielsetzungen und einer entsprechenden Leistungsbeurteilung noch weit entfernt.

[69] Nähere Informationen zum Projekt «Bildungshaus 3 – 10»: http://www.znl-bildungshaus.de

[70] Über diesen Link kann der Beitrag angeschaut werden: http://www.srf.ch/player/video?id=9f2d0f41-3add-4da49ffe4add0ea5ebd2&referrer=http%253A%252F%252Fwww.sf.tv%252Fsendungen%252Frundschau%252Findex.php%253Fdocid%253D20100224

– «Das Sonderpädagogische Konzept für den Kanton Zürich ist eine reine Sparübung.» (... dass im Konzept eine finanzielle Umlagerung und damit eine echte Stärkung der Regelschule vorgesehen ist, wird nicht erwähnt).

Radiosendung zur aktuellen Integrationsdebatte: «Behinderte in normalen Schulen – nur gut gemeint?»

5. Februar 2010, 09:47

Schweizer Radio DRS 2 (heute: Radio SRF 2) sendete am 4. und am 5. Februar 2010 einen hörenswerten Beitrag in zwei Teilen.

Im ersten Teil wird unter anderem auf die UN-Konvention über die Rechte der Menschen mit Behinderung Bezug genommen. Zahlreiche Länder sind beigetreten – die Schweiz hat es nun (endlich) auch vor. In der Sendung werden Einblicke in Integrationsschulen aus dem Ausland gemacht. Auch Schülerinnen und Schüler – behinderte und nichtbehinderte – kommen zu Wort. Zudem führt die Redaktorin Cornelia Kazis ein informatives, sachliches und undogmatisches Interview mit Winfried Kronig (Uni Fribourg).[71]

Im zweiten Teil führt Cornelia Kazis (professionell und gut vorbereitet) eine kontroverse Debatte zum Thema. Concita Filipini (HfH Zürich) verweist unter anderem auf positive Beispiele aus Skandinavien und dem Tessin. Riccardo Bonfranchi (RGZ/HPS-Schulleiter, Zürich) argumentiert dahingehend, dass geistig Behinderte nur in einer Sonderschule angemessen gefördert werden können. Sehr positiv überrascht hat mich Christoph Eymann, Vorsteher des Erziehungsdepartements des Kantons Basel Stadt: Großes Wissen, enormes Engagement, sieht auch die Probleme und reagiert entsprechend. Solche Bildungspolitiker brauchen wir.[72]

---

[71] Download Teil 1 als Podcast (28 Min., mp3-Datei): http://pod.drs.ch/mp3/kontext/kontext_201002041000_10119115.mp3

[72] Download Teil 2 als Podcast (28 Min., mp3-Datei): http://pod.drs.ch/mp3/kontext/kontext_201002051000_10119120.mp3

pRiMa-Initiative fördert durchlässige Schulungsformen im Einschulungsalter

16. Januar 2010, 08:01

Eigentlich wissen wir es längst: Das starre Schuleintrittsalter kommt den Entwicklungs- und Bildungsbedürfnissen vieler Kinder schlecht entgegen. Im Kindergarten «darf» man noch nicht richtig lesen und rechnen können ... viele können es aber trotzdem: Margrit Stamm hat in ihren Studien nachgewiesen, dass beim Verlassen des Kindergartens 23% der Kinder bezüglich Rechnen und Lesen einen Wissensvorsprung von mindestens einem halben Jahr haben. Jedes zehnte Kind, das in die 1. Klasse eintritt, beherrscht bereits sämtliche Klassenlernziele der Fächer Deutsch und Mathematik.

Die Grundstufe und die Basisstufe ermöglichen durch ihre altersdurchmischte und zeitlich flexible Struktur, diese Nachteile in hohem Masse auszugleichen. Diese Schulungsform kommt mehr Kindern entgegen und ist dadurch integrativer als das konventionelle Jahrgangsklassenmodell «Kindergarten / 1. Klasse».

MIX
Papier aus verantwortungsvollen Quellen
Paper from responsible sources
FSC® C105338

Printed by Books on Demand GmbH, Norderstedt / Germany